AF537736

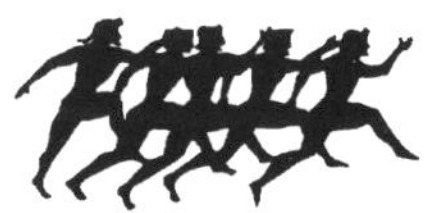

Karl Kaiser

Basiswissen Barockmusik

Band 1: Zur Instrumentalmusik des Hoch- und Spätbarock

Didaktische Schriftenreihe des Institutes für
Historische Interpretationspraxis der Hochschule
für Musik und Darstellende Kunst Frankfurt

Impressum

© 2010 by ConBrio Verlagsgesellschaft, Regensburg – www.conbrio.de
Alle Rechte vorbehalten
Nachdruck, auch auszugsweise, bedarf der Genehmigung des Verlages
Printed in Germany

Satz, Gestaltung: Ursula Gaisa
Umschlag: Johann Sebastian Bach, Sonate für Violine g-Moll BWV 1001, Autograph. Mit freundlicher Genehmigung der Staatsbibliothek zu Berlin – Preußischer Kulturbesitz

Druck: druckhaus köthen

ISBN 978-3-940768-12-4, CB 1212

Inhalt

Barockmusik ist ein ausgesprochen schwammiger und vielfältig besetzter Begriff. Mit diesem Begriff wird eine Epoche der Musikgeschichte bezeichnet, die in sich extrem heterogen war. In der Zeit der so genannten Barockmusik passierten in Europa fundamentale Umwälzungen auf politischem, kulturellem, sozialem und religiösem Feld. Die Musik spiegelt diese Zeit und ihre Brüche in vielen Belangen und reflektiert die Umstände der Menschen, die diese Musik erfanden, in Auftrag gaben, hörten und liebten.

„Basiswissen Barockmusik“ kann nur allgemeine Strukturen der Musik dieser Epoche beleuchten, Strukturen, die dem Musikschaffen dieser Zeit über das Trennende hinweg gemeinsam sind. Streng genommen ist jedes Kunstwerk ein Einzelwerk, und das Verbindende, das wir heute sehen, ist immer eine Reduktion auf Merkmale und Prinzipien, die möglicherweise das Kunstwerk, seinen Gehalt und vor allem seine Bedeutung für uns persönlich gar nicht betreffen. Vielleicht bietet die Vergegenwärtigung dieser Merkmale uns nur ein Raster, das unserem Ordnungsbedürfnis entgegenkommt. Andererseits ist das Muster im Barock ein positiv besetzter Begriff. Quantz etwa empfiehlt immer wieder Muster für eigenes Lernen, Erkennen und für das Musikschaffen. Ein Muster als Vorbild und Vorlage zu haben, dem man nacheifert, wurde erst nach Bach, in der Zeit des Originalgenies und vor allem in der Romantik anrüchig. Insofern ist die Betrachtung von verallgemeinernden Merkmalen und Prinzipien ein durchaus barocker Ansatz. In jedem Fall aber ist „Basiswissen Barockmusik“ eben nur Basiswissen. Entscheidend ist die Beschäftigung mit der Musik selbst, den Quellen, auch den theoretischen, und mit der Fülle an Literatur, die seit dem 19. Jahrhundert zum Thema Barockmusik entsteht.

„Basiswissen Barockmusik“ entstand im Aufbaustudiengang Historische Interpretationspraxis an der Frankfurter Musikhochschule und ist gedacht für Musikstudenten, für Musiklehrende, für Musiker und auch für Liebhaber dieser wunderbaren Epoche der Musikgeschichte. Der vorliegende Band simuliert einen Dialog, mit sich selbst, mit einem Partner, und er soll auch Trainingscharakter haben. Die Dialogform ermöglicht, eine Prüfungssituation allein und eventuell auch mit einem Partner spielend zu üben. Die Kapitel sind in sich abgeschlossen, so dass man springen, auslassen und auswählen kann. Einzelne Teilthemen und Begriffe werden unter „Sonderwissen“ etwas vertieft. Etliche Begriffe werden im Glossar definiert. Am Schluss steht ein Kurztest mit den 31 wichtigsten Fragen, der die Essenz der Kapitel abfragt.

Band eins der Reihe „Basiswissen Barockmusik“ beschäftigt sich mit der Instrumentalmusik ab etwa 1680, die als Hoch- und Spätbarock bezeichnet wird. Nur die ersten drei Kapitel thematisieren allgemeine Fragen. Eine durchgehende historische Darstellung des Stoffes würde den Rahmen völlig sprengen. Daher werden Begriffe und Themen als Systeme eingeführt und behandelt. Diese Lern- und Prüfungshilfe ersetzt nicht eine weitergehende Beschäftigung mit Primär- und Sekundärliteratur, sondern ist eine Art Kondensat der Thematik zu persönlicher Wissenserweiterung, Standortüberprüfung und Fortbildung.

Zur Epoche

1 *Welche Jahreszahlen könnte man als Eckdaten für die Zeit der Barockmusik nennen?*

Man könnte sagen 1600 bis 1750.

2 *Warum sind es diese Jahreszahlen?*

Um 1600 ist etwa der Beginn der „seconda pratica“ , also der neuen Art von monodischer Musik, die maßgeblich von Claudio Monteverdi repräsentiert wird, und 1750 ist das Todesjahr Johann Sebastian Bachs.

3 *Sind diese Eckdaten zu Recht gewählt?*

Nach 1730 entwickelte sich das Musikschaffen in ganz neue und so sehr verschiedene Richtungen, dass der Epochenbegriff fragwürdig wird. Die eigentliche Zeit der europäischen Barockmusik ist um 1730 also vorbei. Allerdings gab es sogar noch nach 1750 viele Kompositionen, die barocke Strukturen als Hauptgestaltungsmerkmale hatten (Händel starb 1759, Telemann 1767). Auf der anderen Seite entwickelte sich auch vor 1600 der monodische Stil. Aber generell kann man doch mit einigem Recht sagen, dass die Jahre von 1600 bis 1750 die begrenzenden Eckdaten der Barockmusik darstellen.

4 *Gäbe es einen Begriff für die Zeit der Barockmusik, der vielleicht treffender wäre?*

Generalbasszeitalter.

5 *Warum?*

Weil Musik in dieser Zeit sehr unterschiedlich, je nach Zeit, Nation, Funktion (Kirche, Theater, Kammer) und Komponist sein kann und war. Aber der Bezug auf den Bass als „fondamento" des Satzes, also die vertikale Struktur, ist der Musik des Generalbasszeitalters gemeinsam.

6 *Können Sie das näher erläutern?*

In der Musik vor 1600 spielte die Polyphonie, also die selbständige lineare Führung der einzelnen Stimmen, die Hauptrolle. Die Harmonie war ein Produkt dieser Linien. Das Prinzip der konzertierenden Solostimmen mit Generalbassbegleitung macht die Harmonie generell zum Hauptkriterium der strukturellen Organisation, die Stimmführung der Oberstimme bezieht sich immer (auch) auf den Bass. Vertikale und horizontale Struktur durchdringen einander.

7 *Warum wurde diese Art der Komposition entwickelt?*

Weil dadurch eine Einzelstimme solistisch agieren und vom Basso continuo begleitet werden kann. Es können auch mehrere solistische oder konzertierende Stimmen gleichzeitig oder hintereinander mit Generalbassbegleitung das musikalische Geschehen bestimmen. Dabei spielen die Möglichkeit und die Absicht, den Text ins Zentrum der Aufmerksamkeit stellen zu können, eine entscheidende Rolle. Bei der früheren, hochgradig polyphon organisierten Kompositionsweise spielt die Textverständlichkeit eine eher untergeordnete Rolle.

8 *Was bedeutet denn der Begriff „Barock"?*

„Barock" kommt aus dem Portugiesischen (barroco) und bedeutet „unregelmäßig oder nicht richtig rund geformte Perle". Barock im übertragenen Sinne bedeutete auch: ausschweifend, übertrieben, sehr üppig, bizarr überzeichnet. Der Begriff war ursprünglich negativ besetzt und steht für dekadenten Niedergang.

9 *Warum wird ausgerechnet ein negativer Begriff für die Musik des Generalbasszeitalters angewendet?*

Weil in der Musik seit 1600 vor allem die Affekte des Menschen und damit auch deren Absonderlichkeiten thematisiert werden.

Weil das Barock Übertreibungen liebt.

Weil übertriebene Darstellung, krasser Realismus, fantastische Visionen und Anhäufung der Mittel auch in

der Malerei, der Architektur und der Literatur wichtige Kriterien des Barock sind.
Weil das Theatralische und die Inszenierung von Affekten und damit auch deren Kontrolle sehr typische Momente des Barock sind.
Weil im Barock die Welt als Theater empfunden wurde (theatrum mundi), in der man als Mensch seinen Auftritt und am Ende seinen Abtritt hat.

10 *Spielten denn in der Musik vor 1600 die Affekte keine Rolle?*

Doch, auf jeden Fall. Viele der aus dem Barock bekannten Ausdrucksmittel wurden in der Renaissance entwickelt (zum Beispiel die Madrigalismen). Aber in der Barockmusik wurde übertreibende Affektdarstellung zum Zentrum des künstlerischen Interesses.
Formale Aspekte und kontrapunktische Regeln wurden der Affektdarstellung weitgehend untergeordnet. Das war vor 1600 deutlich balancierter. Gegen Ende des Barockzeitalters wurde etwa der Musik Bachs einerseits genau das Typikum des Barock vorgeworfen, nämlich die Übertreibung und „Schwülstigkeit", und einem neuen Stil mit mehr „Einfachheit" und „Natürlichkeit" das Wort geredet. Und zum anderen wurden Bachs Musik gleichzeitig auch zu viel kontrapunktische Kunst sowie harmonische Dichte und zu wenig Menschendarstellung vorgeworfen. Das ist eigentlich genau die Kritik, die Monteverdi an der „prima practica" seiner Vorgänger übte.

11 *Ist die Anwendung eines Epochenbegriffes auf eine so heterogene musikalische Zeit wie das 17. und 18. Jahrhundert überhaupt sinnvoll?*

Sicher wäre es genauer und angemessener, von der Musik Italiens im frühen 17. Jahrhundert oder der französischen Musik unter Louis XIV. oder der protestantischen Kirchenmusik Norddeutschlands zur Zeit Johann Sebastian Bach usw. zu sprechen. Der Versuch, diese so sehr verschiedenen Musikstile und Anschauungen unter dem Dach eines Epochenbegriffs zu vereinigen, ist sicher sehr unscharf und fragwürdig. Aber die genannten gemeinsamen Merkmale machen die Ansicht von einer Epoche doch möglich und in gewissem Sinn als Abgrenzung gegen die Merkmale der Musik vor und nach der Epoche des Barock auch sinnvoll. Im Übrigen betrifft den Vorwurf der Unschärfe auch die Ansicht von der Einteilbarkeit von Kunst in Epochen überhaupt – Kunstwerke sind generell einerseits Einzelerscheinungen, aber andererseits doch auch in dem Kontext der „Epoche“ verankert.

Verbreitung von Musikalien

1 *Wie wurde in der Zeit des Hoch- und Spätbarock Musik verbreitet?*

Musik wurde zu einem extrem hohen Prozentsatz handschriftlich verbreitet. Der Komponist schrieb eine Kompositionspartitur und aus dieser wurden die Stimmen oder auch die komplette Partitur abgeschrieben.

2 *Wer fertigte denn die Kopien an?*

Die Kopien fertigte der Komponist an, oder dessen Schüler. Viele Musiker schrieben die Stücke für sich selbst ab. Für größere Hofkapellen gab es professionelle Kopisten, die fest angestellt waren und das Orchester- oder Ensemblematerial herstellten. Z.B. gibt es in der Landesbibliothek Darmstadt große Bestände von Musik von Telemann, die der Hofkapellmeister Graupner für seine Kapelle von Kopisten anlegen ließ.

3 *Wie war das z.B. bei Bach?*

In seiner Leipziger Zeit wohnte Bach in einer geräumigen Wohnung in der Thomasschule. Dort wohnten zu derselben Zeit immer mehrere, wechselnde Schüler, die für Bach aus seinen Partituren die Stimmen für die Aufführungen abschrieben. Etliche sind namentlich bekannt, andere Handschriften wurden von bestimmten Kopisten geschrieben, die man nicht namentlich kennt, denen die Bachforscher aber feste Namen (etwa Anonymus I usw.) zugelegt haben. Eine sehr wichtige Kopistin für Bach war seine zweite Frau Anna Magdalena, die z.B. die wichtigste Quelle für die Cellosuiten geschrieben hat.

4 *Hat Bach sich an der Herstellung der Aufführungsmaterialien auch selbst beteiligt?*

Auf jeden Fall. Es gibt viele Stücke, wo Bach einen Teil der Stimmen selbst abgeschrieben hat. Z.B. ist aus dem Aufführungsmaterial der h-moll Orchester-Ouverture BWV 1067 die Flöten- und die Violastimme autograph erhalten, also von Bachs Hand, 1. und 2. Violine und die bezifferte Bassstimme sind von anderen Kopisten angelegt worden. Wahrscheinlich war es so, dass Bach das Stück (Mitte der 1730er Jahre) in einer der Freitagsmusiken im Zimmermannschen Kaffeehaus aufführen wollte. Wahrscheinlich saßen an einem großen Tisch mehrere Schreiber, die aus der Partitur die Stimmen abschrieben, einer von ihnen war Bach selbst. Die autographe Partitur ist übrigens in diesem Fall nicht erhalten.

5 *Was ließ Bach durch Druck verbreiten?*

Bach ließ durch Drucke nur Werke verbreiten, die exemplarischen Charakter hatten, die pädagogische Nebenabsichten hatten, also ganz bestimmte Muster abgeben sollten, oder die für einen Sammler jenseits von gelegenheitsgebundenen Anlässen interessant waren. Das waren bei ihm die beiden Teile des Wohltemperierten Klaviers, die vierteilige „Clavierübung" inklusive der sechs Partiten und der Goldbergvariationen, die „Kunst der Fuge", das „Musicalische Opfer" und wenige andere Werke.

6 *War das bei anderen Komponisten auch so, dass sie nur exemplarische Werke drucken ließen?*

Die Herstellung von Drucken war sehr teuer. Der Komponist oder der Drucker mussten die Druckkosten auf jeden Fall wieder durch Verkäufe einnehmen. D.h. sie mussten sicher sein, dass genug Käufer ihren Druck kaufen würden. Damit schieden z.B. Kantaten für bestimmte Feste, Opern und Oratorien aus, weil diese in der Regel Gelegenheitswerke waren und ja meist nur ganz selten gespielt wurden. Danach wurden sie höchstens für einen anderen Anlass stark verändert noch einmal aufgenommen. Verkauft werden konnten nur Werke für Cembalo, Suiten und Sonaten für ein Soloinstrument und Basso continuo, Trios und – in schon viel eingeschränkterem Maße – Concerti für Orchester.

7 *Gehörte es auch vielleicht zum Image für einen arrivierten Komponisten, Drucke zu veröffentlichen?*

Drucke fanden eine viel größere Verbreitung als Handschriften. Der Ruf eines Komponisten wurde durch exemplarische Drucke unter Umständen in ganz Europa gefestigt. Z.B. machte die Veröffentlichung der 12

Sonaten op. V von 1700 den Namen des Komponisten Arcangelo Corelli schlagartig bekannt, und viele Nachdrucke und gedruckte Bearbeitungen folgten dem Erstdruck. Ganz sicher hat Corelli den Zyklus der Sonaten auch mustergültig speziell für den Druck angelegt. In Paris war es sehr ähnlich. Marin Marais, François Couperin, Michel Danican Philidor, Jacques Martin Hotteterre ließen Bücher mit Suiten und Piècen drucken, um einerseits ihren Namen bekannt zu machen. Andererseits glaubten sie es ihrem Image schuldig zu sein, mit Drucken an die Öffentlichkeit zu treten. Der geschäftliche Aspekt spielte sicher auch eine große Rolle, weil sie viele reiche Schüler aus dem Hochadel hatten, die mühelos ihre teuren Drucke kaufen konnten. Der pädagogische Gesichtspunkt spielte sicher ebenfalls eine große Rolle und war mit dem geschäftlichen verquickt.
Die Bedeutung des Mediums Druck für den Bekanntheitsgrad sieht man an Telemann, der ab 1716 konsequent fast kataloghaft Werke aller Gattungen veröffentlichte und mit seinen Drucken eine europäische Berühmtheit wurde. Bach begann mit seinen Veröffentlichungen erst knapp 20 Jahre später. Außerdem enthielten seine Drucke nur „Clavier"werke von höchst professionellem Anspruch. Dadurch erreichte er einen viel geringeren Käuferkreis. Entsprechend geringer war auch sein Berühmtheitsgrad.

8 *Ließen die Komponisten auch im Ausland drucken?*

Das war im 18. Jahrhundert eher die Ausnahme und nur mit großer Mühe möglich. Entweder arbeitete man als Komponist mit einem bekannten Druckhaus im

Ausland zusammen, wie es sich international berühmte Musiker wie Vivaldi leisten konnten. Viele Komponisten ließen aber ihre Werke selbst stechen und vertrieben sie im Selbstverlag. In diesem sehr verbreiteten Fall musste man sich als Komponist zuerst ein Druckprivileg kaufen, was im Ausland naturgemäß sehr schwierig war. Ein Druckprivileg untersagte anderen Druckern bei Strafe, diese Veröffentlichungen weiter durch Nachdruck zu verbreiten. Das Privileg galt aber nur für einige Jahre und nur in dem Hoheitsgebiet des jeweiligen Fürsten. Im Ausland und nach Ablauf der Schutzfrist eines Privilegs konnte jeder Drucker ohne irgendwelche Folgen diese Werke noch einmal selbst veröffentlichen. Das entsprach auch der allgemeinen Praxis. Dadurch haben wir heute von instrumentalen Schlüsselwerken, z.B. den Sonaten op. I von Händel, verschiedene Drucke aus verschiedenen Ländern, die fast gleichzeitig erschienen. Als Telemann 1737/38 in Paris wohnte, besorgte er sich zuerst das französische Druckprivileg und ließ dann einige dort komponierte Stücke drucken. Ohne das Privileg wären seine Pariser Werke ungeschützt gewesen.

9 *Was waren im frühen 18. Jahrhundert die Zentren des Notendrucks?*

Ganz sicher London, Amsterdam und Paris. Italien spielte in diesem Punkt schon eine viel geringere Rolle, und Deutschland ebenfalls. Die bedeutendsten Druckhäuser Europas waren Walsh in London sowie Roger und Le Cène in Amsterdam.

10 *Wie funktionierte Notendruck in technischer Hinsicht?*

Eine noch nicht sehr perfekte Form war der Druck mit „beweglichen Typen". Bei dieser Art wurden die einzelnen Noten, Vorzeichen, Verzierungen usw. als einzelne Drucktypen wie ein Puzzle in einen Setzkasten gesteckt. Im Druck waren dann vielfach die Notenbalken und Notenlinien graphisch nicht richtig miteinander verbunden. Das graphische Bild ist eher viel weniger übersichtlich als in einer guten Handschrift. Besser, aber viel aufwendiger war der Druck mit einem Stich. Dabei wurde die Partitur oder die Stimme negativ, also spiegelverkehrt mit einem Stichel in eine Kupferplatte eingraviert. Diese gravierte Kupferplatte wurde dann mit Druckerschwärze eingerollt, danach wurde die Farbe von den glatten Flächen wieder abgekratzt, so dass nur noch in den Vertiefungen der gravierten Linien, Notenköpfe und Notenhälse Farbe übrig war. Die Platte wurde danach auf das Papier gepresst. Auf dem Papierblatt erschien dann die Notenschrift positiv. Danach wurde die Kupferplatte mit Säure gereinigt und der Vorgang begann von neuem. Durch die Säure wurde die Oberfläche der Druckplatte immer mehr verätzt, so dass man nur etwa 300 Blätter bedrucken konnte. Danach war die Gravur der Kupferplatte unbrauchbar. Für eine neue Auflage mussten die Noten und Linien nachgestochen werden. Das Kupfer konnte natürlich auch wieder eingeschmolzen und zu einer neuen Platte gegossen werden.

11 *Gab es im Verlauf des 18. Jahrhunderts noch weitere innovative Formen der Publizierung?*

Ein ganz neues System praktizierte Georg Philipp Telemann. Er ließ durch öffentliche Medien bekannt machen, dass er ein ganz bestimmtes größeres Werk veröffentlichen würde. Dafür suchte er Käufer, die vor der Veröffentlichung eine Kaufzusage machten, also Subskribenten, die das Werk dann zu einem Sonderpreis erhielten. Hatte er die Anzahl von Subskribenten zusammen, die die entstehenden Unkosten tragen würden, begann er mit dem Stich, den er selbst besorgte, dem Druck und dem Vertrieb. Das Subskriptionssystem wird bekanntlich heute noch praktiziert. Beim „Getreuen Musikmeister“, einer bunten Sammlung von Kammermusikwerken, Arien, Einzelstücken und kontrapunktischen Rätseln, ging Telemann mit seiner modernen Marktstrategie noch einen Schritt weiter. Er konzipierte dieses Werk als Periodikum, das in bestimmten zeitlichen Abständen erschien. In jeder Folge wurden die Stücke der letzten Ausgabe fortgesetzt. Wollte man also etwa ein Trio oder eine Sonate komplett im Druck besitzen, musste man mehrere Folgen kaufen. Dieses System übernahm später sein Patensohn Carl Philipp Emanuel Bach mit dem „Musikalischen Vielerlei“ und anderen Sammlungen.

12 *Wie ging es weiter mit dem Notendruck?*

Am Ende des 18. Jahrhunderts und zu Beginn des 19. Jahrhunderts wurden die Druckverfahren immer mehr vereinfacht, so dass Notendruck immer preiswerter wurde. Das Verlagswesen etablierte sich immer mehr und erfasste immer weitere Käuferkreise, so dass um 1800 der Notendruck ein Massenmedium wurde. Die Drucke zu Beginn des 18. Jahrhunderts vor allem aus Frankreich waren teilweise graphische Kunstwerke mit sehr wenigen Fehlern und bestem Layout (man musste praktisch nie in einem Satz blättern). Sie hatten vielfach absoluten Sammlerwert. Die Graveure waren zum Teil berühmt und wurden häufig im Titelblatt namentlich genannt. Am Ende des 18. Jahrhunderts jedoch wurde Notendruck eine billige Form der Musikverbreitung mit vielen Fehlern, unengagiertem Layout und meist ohne künstlerischen Anspruch. Es gab allerdings auch Qualitätsausnahmen, z.B. Ausgaben von Breitkopf und Peters, die mustergültige Notendrucke herstellten. Die handschriftliche Vervielfältigung von Orchestermaterial blieb für die Oper, aber auch für Erstaufführungen bis ins 20. Jahrhundert weit verbreitet und absolut üblich.

Musikalische Temperatur und Stimmton

1 *Was ist das pythagoreische Komma? Was ist das syntonische Komma?*

Der griechische Philosoph und Mathematiker Pythagoras entdeckte mit einem Monochord folgendes: wenn man zwölf Quinten übereinander legt, müsste man bei einem Ton auskommen, der identisch ist mit dem Ton, den man erreicht, wenn man sieben Oktaven übereinander legt. Man kommt aber etwas höher aus. Diese Differenz zwischen zwölf Quinten und sieben Oktaven nennt man das pythagoreische Komma. Wenn man vier Quinten rein übereinander schichtet, z.B. c-g-d-a-e, dann ist dieses e höher als zwei Oktaven plus eine reine große Terz, z.B. c-c-c-e. Die Abweichung zwischen diesen beiden e (vier reinen Quinten und zwei Oktaven plus einer reinen großen Terz) nennt man das syntonische Komma.
Diese beiden Kommata sind beinahe identisch groß. Deshalb spricht man meist allgemein nur von dem „Komma“, wenn man entweder das pythagoreische oder das syntonische Komma meint.

2 *Was versteht man unter einer Temperatur?*

Wenn man ein Tasteninstrument stimmen will und sich damit auf die Höhe der zwölf Töne festlegen muss und die Oktaven naturgemäß alle rein sein müssen, ist man gezwungen, das (pythagoreische bzw. syntonische) Komma auszugleichen. Man muss alle oder einige Intervalle oder mindestens ein Intervall verändern. Diesen Ausgleich durch Verändern von bestimmten Intervallen nennt man Temperatur. Temperierte Stimmung ist also das Gegenteil einer reinen Stimmung, die auf einem Tasteninstrument mit definierten Tonhöhen unmöglich ist. Reine Stimmung ist am ehesten möglich bei einem Vokalensemble, das von den Tonhöhen her in keiner Weise gebunden ist.

3 *Könnte man denn nicht bei der Cembalostimmung einfach die Quinten alle rein lassen?*

Man könnte nur elf Quinten rein stimmen, die zwölfte Quinte wäre dann zu klein. Diese Stimmung nennt man die pythagoreische Stimmung. Die zwölfte Quinte, die um das Komma zu klein ist, nennt man die „Wolfsquinte".

4 *Wie ist das heute beim modernen Klavier?*

Heute wird die so genannte gleichschwebende Temperatur bei Klavieren und Flügeln angewendet. Man verstimmt, das heißt man verkleinert jede Quinte um ein Zwölftel des Kommas. Dadurch werden alle großen Terzen um ein Zweidrittel-Komma zu groß. Die Verstimmung der großen Terzen ist also sehr groß, diejenige der Quinten ist sehr klein. Alle Tonarten haben dieselben Abweichungen bei der

Veränderung der reinen Intervalle, deshalb klingen alle Tonarten gleich. Man kann also auch in allen 24 Tonarten gleich klingend spielen, die Tonarten haben keine eigene Charakteristik. Der Nachteil ist, dass es außer der Prim und der Oktave kein reines Intervall und damit keinen einzigen reinen Dreiklang gibt. Vor allem sind ja die Dur-Terzen viel zu groß. Wegen der Gleichheit der Temperierung sind alle Tonarten „gleich-schwebend". Da aber bei reinen Intervallen, z.B. Quinten und vor allem Terzen, der Klang des Instrumentes sehr resonant und schön wird, wollte man diese Stimmung im 17. und 18. Jahrhundert nicht anwenden, obwohl sie bekannt war.

5 *Ist die gleichschwebende Stimmung identisch mit der „wohltemperierten" Stimmung?*

Auf keinen Fall. Bachs „wohltemperierte" Stimmung ist wahrscheinlich ein kompliziertes System von acht mehr oder minder unterschwingenden, also zu klein gestimmten Quinten, drei reinen Quinten und einer zu großen Quinte. Diese Temperatur hat Bach in einer Graphik auf dem Titelblatt des „Wohltemperieren Claviers" verschlüsselt notiert. Sie ist so konzipiert, dass man in allen 24 Tonarten spielen kann. Weil sie nicht gleichschwebend ist, klingen die Dreiklänge aber charakteristisch und etwas verschieden.

6 *Welche Art Stimmungen wurden im 17. und 18. Jahrhundert bevorzugt und gibt es Gründe für diese Vorlieben?*

Im 17. Jahrhundert und auch schon im 16. Jahrhundert wurde die mitteltönige Stimmung bevorzugt, weil sie viele reine große Terzen hat und damit in einem bestimmten Tonartenrahmen rund um diese reinen Terzen sehr gut klingt. Außerdem sind die brauchbaren Tonarten gleichschwebend, d.h. sie klingen alle gleich.
Im 18. Jahrhundert wurden Stimmungen bevorzugt, die zwar auch noch reine Intervalle aufweisen, aber die für einen größeren Tonartenrahmen brauchbar sind, vor allem Werckmeister III, Kirnberger III und Valotti.

7 *Können Sie die mitteltönige Temperatur erklären?*

Bei der mitteltönigen Temperatur werden elf Quinten jeweils um ein Viertel Komma verkleinert. Nur die zwölfte Quint ist dadurch viel zu groß, nämlich um 7/4 Komma, und sie wird deshalb die „Wolfsquinte" genannt. (Sie liegt normalerweise zwischen „gis" und „es".) (Achtung: die „Wolfsquinte" der pythagoreischen Stimmung ist um das Komma zu klein, die „Wolfsquinte" der mitteltönigen Stimmung ist um 7/4 Komma zu groß!). Durch die elf zu kleinen Quinten und die Wolfsquinte entstehen acht reine große Terzen, die restlichen vier großen Terzen sind zu groß. Insgesamt hat man bei der mitteltönigen Temperatur in ihren guten Tonarten ein Klangbild, das durch die reinen Terzen und deren schöne Resonanz geprägt ist.

Sonderwissen:

Warum gibt es in der mitteltönigen Temperatur ausgerechnet acht reine große Terzen und vier zu große große Terzen?

Eine Oktave kann man immer in drei große Terzen aufteilen. Würden man diese drei großen Terzen alle rein stimmen, dann käme man bei einer Schwingung aus, die etwas kleiner als eine Oktave ist. Diese Abweichung von drei reinen großen Terzen und einer Oktave nennt man die „kleine Diesis". Man muss also die großen Terzen temperieren um zu einer Oktave zu kommen. In der mitteltönigen Stimmung stimmt man davon zwei große Terzen rein und eine große Terz um die kleine Diesis zu groß.
Wenn man bei c mit dieser Terzanordnung anfängt, über cis, d und es geht, dann ist man bei e wieder in dem System von c. Das heißt, man hat vier Mal das Oktavsystem von zwei reinen Großterzen und einer zu großen Großterz, also 4x2= 8 reine Großterzen und 4x1 zu große Großterzen.

Die Terzen der mitteltönigen Temperatur im Einzelnen:

c-e = rein, e-gis = rein, gis-c = zu groß

cis-f = zu groß, f-a = rein, a-cis = rein

d-fis = rein, fis-b = zu groß, b-d = rein

es-g = rein, g-h = rein, h-es = zu groß

e-gis = rein, ... siehe erstes Oktavsystem usw.

8 *Warum trägt denn die mitteltönige Temperatur ihre Bezeichnung?*

Weil in dieser Stimmung bei einer reinen großen Terz, z.B. c-e, der mittlere Ton d, genau in der Mitte ist. Wenn man die mitteltönige Temperatur nicht anwenden würde, dann wäre c-d ein großer Ganzton und d-e ein kleiner Ganzton. Die Mittelung der reinen großen Terz zum Ton d in der mitteltönigen Stimmung ist namensbildend für sie.

9 *Warum hat man diese „schöne" Temperatur denn in der folgenden Zeit nicht einfach beibehalten?*

Die mitteltönige Temperatur klingt in den Tonarten mit den reinen großen Terzen sehr schön, aber in Tonarten mit den zu großen Großterzen ist sie völlig unbrauchbar. Das Bedürfnis, einen größeren Tonartenrahmen zu benutzen, wurde aber im 17. Jahrhundert immer größer. Daher wurde die mitteltönige Temperatur um 1700 langsam altmodisch. Orgeln waren aber weiterhin meist mitteltönig gestimmt.

10 *Was sind die historisch nächsten Temperaturen, und was ist deren „Vorteil" gegenüber der mitteltönigen Stimmung?*

Die späteren Temperaturen sind im Gegensatz zur mitteltönigen Temperatur um reine Quinten bemüht und vermeiden vor allem die Wolfsquinte. Die wichtigsten neben vielen andern sind die Temperaturvor-

schläge von Andreas Werckmeister (1645–1706) in seinem Buch „Musicalische Temperatur“ von 1691 und Johann Philipp Kirnberger (1721–1783), einem sehr bedeutenden Bachschüler, in seinem Buch „Die Kunst des reinen Satzes“ von 1771.
Beide Stimmungsvorschläge verkleinern vier Quinten um ein Viertel des Kommas. Damit ist das Komma ausgeglichen und die übrigen Quinten können rein gestimmt werden. Bei den heute wieder sehr gebräuchlichen Stimmungen „Werckmeister III“ sind das die Quinten c-g-d-a und h-fis und bei „Kirnberger III“ die Quinten c-g-d-a-e. Allerdings hat Werckmeister III keine reine große Terz und Kirnberger III nur eine einzige, nämlich c-e.

11 *Wie nennt man solche Stimmungssysteme?*

Man nennt sie „ungleichschwebende Temperaturen“, weil jede Tonart etwas anders klingt.
Dagegen klingen die brauchbaren Dur-Tonarten der mitteltönigen Temperatur ja alle gleich durch die reinen großen Terzen und die identisch zu kleinen Quinten. Bei den ungleichschwebenden Temperaturen entsteht durch die Ungleichheit der Intervalle dagegen eine deutliche Tonartencharakteristik.

12 *Gibt es noch weitere Stimmungen auf dem Weg zu möglichst vielen brauchbaren Tonarten?*

Da ist z.B. der Vorschlag von Valotti. In dieser Temperatur wird das Komma auf sechs Quinten verteilt, sodass es noch sechs reine Quinten gibt. Damit gibt es einen noch größeren Rahmen von recht guten Tonarten, allerdings nimmt die Zahl der „schönen" Tonarten weiter ab. In diesem Sinne gibt es noch viele ungleichschwebende Temperaturmodelle.

13 *Wie war der Stimmton in der Zeit des Barock? Gab es eine Übereinkunft oder Festlegung?*

Der Stimmton war je nach Zeit und Ort extrem unterschiedlich hoch. Es gab vor allem die Festlegung auf den „Chorton" oder „Cornett-Thon", nach dem die meisten Orgeln gestimmt waren. Dieser war erheblich höher als die heutige Stimmung, im Mittel etwa 465 Hz, also einen Halbton über 440 Hz. Der Begriff „Cornett-Thon" kommt von den Zinken (Cornetto = Zink), die bei Chorwerken zusammen mit Posaunen häufig colla parte mit dem Chor spielten und auf der Stimmtonhöhe der Orgeln gestimmt waren.

14 *Warum waren die Orgeln so hoch?*

Vor allem wohl auch, um Material zu sparen, also Zink, Zinn, Holz usw. . Die Orgeln wurden auf diese Weise erheblich preiswerter.

15 *Was kann man zum Kammerton sagen?*

Ende des 17. Jahrhunderts verbreitete sich in Europa sehr stark der französische Kammerton (a' ca. 400 Hz), der eine große Sekunde tiefer als 440 Hz ist. Dieser Kammerton wurde sehr lange, bis zu Gluck und Mozart, in Rom, Berlin, Dresden, Paris und Mannheim gespielt. Die Stimmgabel des berühmten Cembalobauer Taskin von 1780 ist erhalten, sie steht in a' 409 Hz. Dieser Stimmton wurde in Deutschland „Cammerton tief" genannt. Dagegen war der „Cammerton" (hoch) etwa einen Halbton höher, also a' um 415 - 425 Hz. In vielen Zentren stieg der französische „Cammerton tief" im zweiten Viertel des 18. Jahrhunderts, wogegen Quantz in seinem Buch heftig protestiert. Er sagt, dann könne man gleich wieder die Oboe zur Schalmei und die Traversflöte zur Querpfeiff machen. Er sieht es als großen Rückschritt an. In Venedig aber war der Stimmton a' 440 Hz schon zu Vivaldis Zeit normal.

16 *Wie ist das bei Bach?*

Bach verwendete in Weimar den französischen „Cammerton tief", also a' um 400 Hz oder etwas tiefer. In Leipzig stieg die Tonhöhe auf den „Cammerton" (hoch) an, a' um 415 Hz.

17 *Woher weiß man das so genau?*

Bachs Orgeln standen im „Cornett-Thon", a' etwa 465 Hz. Wenn er in einer Kantatenaufführung die Orgel als Continuoinstrument mit Orchesterinstrumenten, die im Kammerton gestimmt waren, gemeinsam spielen lassen wollte, dann musste entweder bei der Orgel oder den Orchesterinstrumenten eine Transposition stattfinden.

In Weimar nun notierte Bach die Streichinstrumente nicht transponierend zur Orgel, also waren sie ebenfalls im Cornett-Thon (a' 465 Hz) gestimmt, wie es für Kirchenmusik seit dem 17. Jahrhundert Tradition war. Die Holzblasinstrumente, also Oboen, Fagotte und Flöten, notierte er allerdings häufig eine kleine Terz höher. Bei einem Satz in G-Dur hatten die Holzbläser in B-Dur zu spielen. Folglich muss ihre Stimmtonhöhe dem „Cammerton tief", also a' etwa 400 Hz, entsprochen haben.

In Leipzig ist die Lage ganz anders. Streichinstrumente und Holzbläser notierte Bach hier immer in derselben Tonart. Er notierte in der Partitur die Bassstimme ohne Bezifferung. Die Orgel erhielt jeweils eine eigene, jedoch bezifferte Bassstimme. Diese Orgelstimme ist in aller Regel einen Ganzton tiefer als das Orchester und der Chor notiert. Wenn also die Orgel immer um einen Ganzton nach unten transponieren musste, dann war der Stimmton der Streicher und der Holzblasinstrumente um einen Ganzton tiefer als die Orgel, also a' um 415 Hz.

Man weiß also durch diese Transpositionspraxis bei Bach, dass in Weimar der „Cammerton-tief" (a' etwa 400 Hz) verwendet wurde, in Leipzig dagegen der „Cammerton" (hoch) (a' etwa 415 Hz).

18 *Weiß man etwas über den Stimmton bei anderen prominenten Musikern?*

Eine erhaltene Londoner Stimmgabel von 1740, die wahrscheinlich aus dem Besitz von Händel stammt, steht auf a' 423 Hz. Der Klavierbauer Andreas Stein benutzte die Stimmtonhöhe a' 421 Hz. Die erhaltene Stimmgabel von Joseph Haydn, die er in seiner Zeit bei Nikolaus von Esterházy benutzt hat, ist ebenfalls in a' 421 Hz gestimmt. Diese Stimmtonhöhen entsprechen etwa dem „Cammerton" (hoch).

Concerto

1 *Woher kommt der Begriff Concerto?*

Der Begriff Concerto kommt vom italienischen „concertare“. Dieses Wort heißt einerseits: miteinander streiten oder wetteifern, andererseits: etwas miteinander vereinigen.

2 *Wann taucht der Begriff Concerto die ersten Male auf?*

Andrea und Giovanni Gabrieli veröffentlichten 1587 in Venedig eine Sammlung „Musica di chiesa“ (Musik für die Kirche), die sie ausdrücklich „concerti“ nannten. Das ist wohl das erste Mal, dass dieser Begriff benutzt wurde.

3 *In welcher Weise ist das Concerto-Prinzip ein urtypisches Anliegen barocken Musikdenkens?*

Der Wettstreit ist ein gängiges und beliebtes Motiv der griechischen Antike. Dieses Motiv wurde spätestens seit etwa 1600 in die Musik übertragen.
Das Wetteifern verschiedener Gruppen und Chöre (wie bei den Concerti von Gabrieli) und später von konzertierenden Oberstimmen über einem durchgehenden Bass gehört zum ästhetischen Kern der Musik des Barock.

Das concertare im Sinne von „etwas miteinander vereinigen“ bezieht sich auf die Vielfalt der konzertierenden Partner aus vokalen und instrumentalen Stimmen. Das Prinzip der venezianischen Mehrchörigkeit, das speziell für den Markus-Dom in Venedig entwickelt wurde, ist eine ausgesprochen typische und frühe Form des Concerto. Dabei kann ein „Chor“ sowohl vokal, als auch instrumental oder auch gemischt besetzt sein.

4 *Welche beiden Concerto-Formen prägen das Hoch- und Spätbarock?*

Einerseits das römische Concerto grosso, und andererseits das venezianische Solo-Concerto.

5 *Welche Komponisten gelten als die „Erfinder“ des Concerto grosso?*

Mit dem Concerto grosso wird vor allem Arcangelo Corelli in Zusammenhang gebracht, dessen Concerti grossi im Palazzo des römischen Kardinals Ottoboni in sehr großer Besetzung aufgeführt wurden. Ottoboni, einer der bedeutendsten Musikmäzene des 17. Jahrhunderts, hatte Corelli in seinem Palazzo eine Suite als ständige Wohnung zur Verfügung gestellt und bot Corelli und vielen anderen (Allessandro Scarlatti und Händel u.v.a.) beste Bedingungen für ihre Musikausübung. Corellis Concerti grossi ent-

standen um 1680, wurden aber erst 1714 als op. VI gedruckt.
Aber schon Alessandro Stradella hatte eigentliche Concerti grossi um 1675 geschrieben, die er „Sinfonia per violini e bassi a concertino e concerto grosso destinti“ nannte (Sinfonia für Violinen und Bässe bestimmt für Concertino und Concerto grosso). Er ist also der eigentliche Begründer des Concerto grosso.

6 *Wer gilt als der „Erfinder“ des Solo-Concertos?*

Als der Erfinder des Solo-Concertos gilt Antonio Vivaldi, der am „Ospedale della pietà“, einem der venezianischen Waisenhäuser für Findelkinder, Musik unterrichtete. Die Mädchen seines Ospedale waren teilweise extrem fähige Solistinnen auf Violine, Violoncello, Viola d'amore, Blockflöte, Tarverso, Oboe, Fagott, Horn, Mandoline und anderen Instrumenten. Für diese Musikerinnen schrieb Vivaldi mehrere Hundert nicht selten sehr virtuose Concerti für ihr Soloinstrument mit Streicher- und Continuobegleitung. Die Musikerinnen verdienten mit der Aufführung von Vivaldis Musik ihren Lebensunterhalt.

7 *Wie ist ein Concerto grosso strukturiert?*

Im Concerto grosso wetteifert (konzertiert) eine kleine Gruppe von Soloinstrumenten (das Concertino oder die Soli) mit einer großen Tuttigruppe (dem Concerto grosso oder Ripieno).

Corelli teilte seine zwölf Concerti grossi op. VI in acht Concerti da chiesa (Kirchenkonzerte) und in vier Concerti da camera (Kammerkonzerte) ein. Die Concerti da chiesa sind vier- bis siebensätzig. Mindestens ein Satz ist im strengen, fugierten Stil geschrieben. Die Concerti da camera haben ein Preludio und folgende Tanzsätze. Nach Corelli wurde zunehmend eine Satzfolge langsam-schnell-langsam-schnell Standard, später dann auch eine nur dreisätzige Form schnell-langsam-schnell.

Das Concerto grosso war in Italien ursprünglich nur für Streicher konzipiert. Aber scheinbar spielten auch Trompeten und Posaunen bei Corellis Aufführungen colla parte mit, also ohne eigene Stimmen. Das Concertino besteht bei Corelli aus 2 Violinen und Violoncello. Andere Komponisten (Dall'Abaco, Albinoni) nahmen gern 2 Oboen und Fagott für das Concertino.

8 *Wie sieht ein venezianisches Solo-Concerto aus?*

Ein typisches Concerto von Vivaldi ist dreisätzig, schnell-langsam-schnell. Die Ecksätze sind in Ritornellstruktur organisiert. Das Ritornell hat zumeist feststehendes Themen- und Motivmaterial, das jeweils hohen Wiedererkennungswert hat. Ein schneller Concertosatz besitzt vier bis sieben Ritornelle, die die Soloepisoden umrahmen. Die Ritornelle folgen einem harmonisch modulatorischen

Organisationsprinzip. Die Soloepisoden führen das Soloinstrument mit seinen differenzierten Möglichkeiten ein. Sie werden meist nur von einem Teil des Tutti begleitet, entweder nur von der Continuogruppe, oder von den Oberstreichern, wobei dann häufig die Viola als „Bassettchen" fungiert. Die Mittelsätze sind oft sehr sparsam instrumentiert. Das Solo-Concerto kann auch als Konzert für zwei oder drei Soloinstrumente auftreten. Die Soloinstrumente sind hier kein eigentliches „Concertino", also keine feste geschlossene Gruppe, die mit dem Concerto grosso konzertiert, sondern sie wetteifern, konzertieren auch untereinander, wechseln sich ab, kommentieren sich gegenseitig. Sie treten jedoch auch episodenweise als Gruppe auf.

9 *Was ist ein „Concerto da camera"?*

Vivaldi ist wohl auch der Erfinder des Concerto da camera. Dieser Typus ist formal meist organisiert wie ein normales Solo-Concerto. Allerdings besteht das Ensemble nur aus Soloinstrumenten und dem Basso continuo. Die Soloinstrumente spielen als Ripieno die Ritornelle zusammen und wechseln sich als Soloinstrumente in verschiedenen Kombinationen in den Solo-Episoden ab.
Berühmte Concerti da camera von Vivaldi sind „La Tempesta di mare" (Meeresgewitter) und „Il Cardellino" (Der Distelfink) für Traverso/Blockflöte, Oboe, Violine, Fagott und Continuo und „La Notte" (Die Nacht) für Traverso, 2 Violinen, Fagott und

Continuo. Ab 1720 wurde die zeitgenössische Vorstellung von einem Solo-Concerto immer standardisierter. Ein Concerto wurde zunehmend verstanden als Komposition für Soloinstrument und ein Tutti aus Streichern und Basso continuo. So wurden auch die genannten Concerti da camera von Vivaldi in Frankreich zu Concerti für Flöte und Streicher bearbeitet und zusammen mit drei weiteren Stücken im Druck als op. 10 veröffentlicht.

10 *Wie wurden die italienischen Concertotypen in Deutschland übernommen?*

Das Concerto grosso und das Vivaldische Concerto wurden spätestens ab etwa 1710 in Deutschland äußerst interessiert wahrgenommen. Die ersten Partituren italienischer Concerti gelangten in der Regel als Abschriften nach Deutschland. So brachte Johann Ernst von Sachsen-Weimar neumodische Concerti von Vivaldi, Marcello und Torelli aus Amsterdam nach Weimar mit. Bach lernte dadurch diese aktuelle Musik aus Italien kennen. Auch Studienaufenthalte von deutschen Musikern in Italien (etwa Pisendel oder Quantz) förderten die Verbreitung italienischer Concerti in Deutschland.

11 *Gibt es spezielle Traditionen der Umformung des Concerto in Deutschland?*

Für Deutschland ist neben den italienischen Formen des Solo-Concerto und des Concerto grosso vor allem in Dresden typisch eine großbesetzte Concerto-Form mit ganz verschiedenen Gruppen von Soloinstrumenten. Das üppig besetzte Dresdner Orchester animierte seine Musiker Heinichen, Pisendel, Zelenka, sowie auch den mit Dresden verbundenen Johann Friedrich Fasch aus Zerbst zu Concerti mit Bläsern und Streichern in allen möglichen Kombinationen. Selbst Vivaldi, bei dem Pisendel nach 1710 Unterricht gehabt hatte, schrieb dann solche Concerti für das Orchester von Dresden („per l'orchestra di Dresda"). Um 1720 hatte Bach sechs Concerti in diesem Stil geschrieben, die er 1721 in einer Handschrift zusammenfasste und dem Markgrafen von Brandenburg widmete. Sie sind als „Brandenburgische Konzerte" weltberühmt geworden. Bach selbst nannte sie „Six Concerts avec plusieurs instruments" (sechs Concerti mit verschiedenen Instrumenten), eine im Titel auffallende Übereinstimmung mit den „concerti a più instrumenti" op. V von Dall'Abaco (1719). Hin und wieder wird für diesen Typus der Begriff „Gruppenkonzert" verwendet.

Was schreibt Quantz in seinem „Versuch" über das ideale Concerto?

Quantz unterscheidet in seinem „Versuch" im 18. Hauptstück das Concerto grosso und das Kammerkonzert. Bei beiden Formen geht er von einem dreisätzigen Typus schnell-langsam-schnell aus.

Das Concerto grosso „besteht aus einer Vermischung verschiedener concertierender Instrumente“. Quantz meint hiermit sicher die Dresdner Tradition des groß angelegten Concertos mit vielen, meist paarig besetzten Sologruppen. Er fordert gute „Nachahmung“, also fugiert-imitatorische Schreibweise, Abwechslung des Affektes, ausgewogenen Einsatz der Sologruppen und prächtige Erhabenheit im Ritornell.
Das Kammerkonzert ist in seiner Terminologie ein „Concerte mit einem concertierenden Instrument“, also ein Solo-Concerto. Hier unterscheidet er wiederum zwei Arten des Solokonzertes: nämlich erstens das ernsthafte, prächtig gesetzte und harmonisch anspruchsvoll orientierte Konzert, das mit starker Begleitung ausgestattet sein soll, und zweitens das scherzhafte, flüchtige, lustige Konzert, das singend gesetzt, schnelle Harmoniewechsel haben und nur sparsam und schlank begleitet werden soll. Er sagt, dass ein ideales Konzert einen ersten Satz von 5 Minuten, einen zweiten Satz von 5 bis 6 Minuten und einen dritten Satz von 3 bis 4 Minuten haben soll.

13 *Beschreiben Sie kurz das Concerto-Schaffen bei Telemann*

Telemann schrieb eine große Fülle von Solo-, Doppel- und Tripelkonzerten für alle möglichen Instrumente in den farbigsten Kombinationen. Typisch für ihn ist eine viersätzige Anlage langsam-schnell-langsam-schnell. Die dreisätzigen Concerti sind in der absoluten Minderzahl. Er schrieb Concerti, die einerseits an den strengen römischen Stil erinnern und kontrapunktisch streng gearbeitet sind, virtuose Concerti im Sinne Vivaldis, Concerti da camera in kleiner, teils sogar nur Triobesetzung und sogar „Concerti polonesi" mit folkloristischem Einschlag. Die formale und stilistische Vielfalt des Concerto-Schaffens von Telemann lässt an die Definitionen der verschiedenen Concerto Typen von Quantz denken, der in seinem „Versuch" immer wieder Telemann als Referenzkomponisten zitiert.

14 *Kennen Sie eine weitere Seitenform des Concerto?*

Eine Seitenform des Concerto ist die vor allem in Deutschland beliebte konzertante Suite. Das ist eine Suite, die große Soloepisoden oder ganze Sätze für ein oder mehrere Soloinstrumente integriert. Das „Concertare" ist hier als Organisationsprinzip eingesetzt und nicht als Form. Berühmte Beispiele sind die vier Orchestersuiten von Bach. In drei Suiten fungieren Oboen und Fagott und auch Trompeten und Pauken als Concertino. In der h-Moll Suite hat die Flöte die konzertierende Rolle. Telemann schrieb ebenfalls bis ins hohe Alter Concerto-Suiten. Sehr viele bedeutsame konzertante Suiten sind erhalten auch von Fasch u.v.a. .

15 *Wie wurden die barocken Arten des Concerto in der Frühklassik und Klassik weitergeführt?*

Die Idee des Solokonzerts wurde von den Komponisten im Übergang zur Klassik lückenlos weitergeführt. Das Ritornellprinzip wurde in der Sonatenhauptsatzform weiterentwickelt, erhielt sich aber noch sehr lange.
Auch das Doppel- und Tripelkonzert lebte weiter. Das Concerto grosso wurde zur Sinfonia concertante weiterentwickelt, bei der eine Gruppe von Soloinstrumenten dem Tutti innerhalb einer Sinfonieform solistisch gegenübertritt. Die konzertante Suite fand ihre Fortsetzung in den Serenaden etwa Mozarts, bei denen verschiedene Instrumente vor allem aber die Violine im Solo prominent vorgestellt werden.

16 *Was versteht man in Frankreich unter „concert"?*

Der Begriff „Concert" bedeutet in der französischen Musik vor 1725 nicht dasselbe wie „Concerto" in Italien. „Concert" bedeutet einfach: Instrumentalstück. Die Besetzung kann beim Duo anfangen. Von Monteclair etwa gibt es „Concerts pour deux flutes", das sind Sammlungen von Charakter- und Tanzpiecen. Berühmt sind vor allem die Concerts Royaux von François Couperin, die 1722 gedruckt wurden, die aber Couperin 1714/15 schon aufgeführt hatte, wie er im Vorwort schreibt. Diese „Concerts" sind Suiten mit Tanz- und Charaktersätzen auf einem gemeinsamen Grundton.

17 *„Concert“ beschreibt in Frankreich also nicht das „wetteifern“ oder „etwas vereinigen“ des italienischen Concerto?*

Die Form des italienischen Solo-Concerto mit seiner Organisation in Ritornelli und Soli ist in Frankreich vor Mitte der 1720er nicht zu finden. Aber die zweite Bedeutung des italienischen Concertare, also das Vereinigen von heterogenen Klängen, könnte man dem französischen „Concert“ schon zuschreiben. Denn es gab in Frankreich eine spezielle Praxis, die man „mettre en concert“ nennt. Das bezeichnet die Praxis, aus einem Cembalostück durch Bearbeitung und Hinzufügen von neuen Stimmen ein Ensemblestück, ein „Concert“ zu machen. François Couperin etwa beschreibt im Vorwort der „Concerts Royaux“ von 1722, dass man diese Stücke auf dem Cembalo spielen könne, dass man sie aber auch mit Violine/Traverso/Oboe und Basso continuo spielen könne. Manche Sätze haben dann sogar zusätzlich eine Tenorstimme. Hier trennt sich dann die Gambe vom „Basse continue“. Das Ensemble wird immer größer und es entsteht ein Triosatz. Zusätzlich gibt es bei einigen Sätzen eine „contrepartie“, also eine zweite Oberstimme, die man von einem weiteren Instrument spielen lassen, oder auch weglassen kann. Im übrigen sind neben der reichen Bezifferung der Bassstimme im oberen System des Erstdruckes häufig Akkorde notiert, die sicher für eine reine Cembalofassung gedacht sind, die aber auch Hinweise auf mögliche, eventuell nach französischer Praxis selbst zu verfertigende Mittelstimmen sein könnten. Mit anderen Worten: Couperin notiert in den Concerts Royaux nicht nur fertige Musikstücke, sondern auch Anleitungen zu der „mettre en concert"-Praxis. Er animiert dazu, Cembalostücke zu Ensemblestücken zu „arrangieren".

18 *Gibt es denn auch vollständig ausnotierte französische Stücke, an denen man diese Praxis sehen kann?*

Berühmt sind die „Pièces de clavecin en concert" von Jean-Philippe Rameau für Cembalo, Violine (auch Flöte) und Viola da gamba (auch 2. Violine). Der Druck gibt vor allem die „en concert" Fassung wieder. Es sind allerdings auch einige Stücke zusätzlich in der einfachen Cembalofassung abgedruckt. Man kann sehr charakteristisch sehen, wie viel zusätzliches musikalisches Material die Ensemblefassung gegenüber der Cembalofassung enthält. Auch die Alternativen Violine/Flöte und Viola da gamba/2. Violine notiert Rameau exemplarisch mit wenigen, aber charakteristischen Abweichungen. Ähnliche Stücke gibt es von Gaspard Le Roux, die auch in beiden Fassungen, nämlich für Cembalo allein und für „Concert" in einem Band wiedergegeben und gegenübergestellt sind.

19 *War diese Praxis in Deutschland auch lebendig?*

In einem bestimmten Maße auf jeden Fall. Ein sehr berühmtes und prominentes Beispiel ist das Tripelkonzert a-Moll BWV 1044 für Cembalo, Violine, Traverso als Soloinstrumente und 2 Violinen, Viola und Basso continuo als Ripieno von Johann Sebastian Bach. Die Ecksätze dieses großen Ensemblestückes sind eine Bearbeitung von Praeludium und Fuge a-Moll für Cembalo BWV 894, und der Mittelsatz ist eine Bearbeitung des langsamen Satzes der Orgeltriosonate BWV 526. Ein anderes prominentes Beispiel ist die Sinfonia der Kantate BWV 29, die so genannte „Ratswahlkantate“. Hier machte Bach 1731 aus dem Preludio der E-Dur Partita BWV 1006 für Violine solo senza basso einen Concertosatz für konzertierende Orgel 2 Oboen, 3 Trompeten mit Pauken und Streicher in D-Dur. 1737 hat er die ganze Partita dann auch noch für Cembalo solo bearbeitet. Hier findet also zunächst eine Bearbeitung eines Solostückes für ein großes Orchester statt, und danach rückwärts wieder für ein anderes Soloinstrument.
Auch bei Telemann findet man viele Beispiele für die „mettre en concert“ Praxis. Z.B. bearbeitete er die sechs Partiten der „Petite Musique de chambre“ von 1718 für Oboe und Basso continuo später für Streichorchester und Basso continuo.

20 *Gab es denn in Frankreich auch den italienischen Typus des Solo-Concertos?*

Von etwa 1725 an findet man zunehmend italienische Solo-Concerti in Frankreich. Eine der ersten gedruckten Sammlungen mit italienischen Concerti sind die „Concerts à 5“ von Joseph Bodin de Boismortier. Kurioserweise sind diese Stücke für fünf Flöten bestimmt. Zwei Flöten spielen jeweils die Soli und alle fünf Flöten zusammen das Tutti. Die fünfte Flötenstimme ist beziffert, sie kann also offensichtlich von einem Akkordinstrument zusätzlich begleitet werden. Die Stücke sind eine Stilkopie von Vivaldi-Concerti. Um den modischen italienischen Charakter auch graphisch zu unterstreichen, notiert Boismortier im italienischen Violinschlüssel, während er sonst Traversostücke im französischen Violinschlüssel notiert.
Um 1730 wurde das italienische Solo-Concerto mit seiner Ritornellstruktur in Frankreich zu einem Standard. Allerdings bleibt die Diktion der Motivik, Metrik und auch der Satztypen meist recht deutlich in der französischen Manier.

21 *Nennen Sie einige Komponistennamen, die italienische Concerti in französischer Manier hinterlassen haben.*

Neben Concerti von Boismortier, Naudot, Quentin, Blavet sind es vor allem die Violinkonzerte von Jean Marie Leclair, die man als sehr bedeutend ansehen kann. Von Boismortier gibt es auch ein urtypisches Concerto da camera für Flöte, Oboe, Violine, Fagott und Basso continuo, das eine absolute Kopie der bekannten concerti da camera von Vivaldi darstellt.

Findet man auch den Typus des Gruppenkonzertes in Frankreich?

Dieser Typus ist in Frankreich kaum bekannt. Allerdings wurde Paris recht früh eine Hochburg der klassischen „Sinfonia concertante". Auch Mozart hatte für seine Parisreise 1778 eine Sinfonia concertante mitgebracht, die er in den Concerts spirituels aufführen wollte. Zu dieser Aufführung ist es leider nicht gekommen und die autographe Partitur ist verloren gegangen.

Sonderwissen:

Sinfonia concertante – Mozart – Paris

Die große Reise Mozarts in den Jahren 1777/78 nach Augsburg-Mannheim-Paris war die erste Reise ohne den Vater Leopold. Mozart wurde nur von seiner Mutter begleitet. Mozart emanzipierte sich auf dieser Reise in ziemlich turbulenter Weise von seinem Über-Ich Leopold, stürzte sich in eine heftige Liebesaffäre mit Aloisia Weber und war insgesamt ziemlich unorganisiert und letztlich nicht erfolgreich. In Paris erfuhr er trotz der Protektion durch seinen alten Förderer Baron Grimm insgesamt Ignoranz und Ablehnung. Am 3. Juli 1778 starb auch noch ganz unerwartet seine Mutter. Durch dieses traurige Ereignis musste Mozart recht überstürzt abreisen. Unter diesen chaotischen Umständen ist die autographe Partitur der Sinfonia concertante verloren gegangen. Man glaubt, dass die erhaltene Sinfonia concertante Es-Dur KV 297b für Oboe, Klarinette, Horn und Fagott und Orchester eine Bearbeitung der verschollenen Sinfonia concertante von unbekannter Hand ist. Das Originalwerk war mit an Sicherheit grenzender Wahrscheinlichkeit aber für Flöte, Oboe, Horn, Fagott und Orchester. Mozart war vor seiner Parisreise monatelang in Mannheim gewesen und hatte dort die berühmte Hofkapelle und deren Musiker kennen gelernt. Von Mannheim war er dann mit den Mannheimer Solobläsern nach Paris gereist: Wendling – Flöte, Ramm – Oboe, Stich genannt Punto – Horn, Ritter – Fagott. Mit diesen berühmten Virtuosen wollte er seine Sinfonia concertante in Paris aufführen. Er berichtet in seinen Briefen an den Vater, wie er immer wieder zu dem Organisator der Concerts spirituels – Legros – gegangen sei, um über die Aufführung zu sprechen, und wie er immer wieder seine Partitur dort habe liegen sehen, die er Legros zum Kopieren gegeben hatte. Mozart gab seine Original-Partituren normalerweise nicht aus der Hand, sondern ließ sie immer zuerst kopieren. Im Fall der Sinfonia concertante handelte er gegen seinen Grundsatz und durch die turbulenten Umstände der Pariser Monate ist die Partitur dann verschollen. Die erhaltene Version KV 297b ist mit allergrößter Wahrscheinlichkeit in dieser Form nicht von Mozart, sondern stammt aus dem frühen 19. Jahrhundert. Die inzwischen altmodisch gewordene Flöte wurde in der Bearbeitung aus dem Ensemble

herausgenommen und die in Mode gekommene Klarinette hinzugenommen.
Mozart komponierte in Paris für einen privaten Auftraggeber noch eine weitere Sinfonia Concertante, nämlich das Konzert C-Dur KV 299 für Flöte, Harfe und Orchester. Wie die Sinfonia concertante Es-Dur, also die „Bearbeitung" der verloren gegangenen Originalfassung, steht auch dieses Stück ganz in der Tradition der Gattung wie sie in Paris so ausgesprochen beliebt war. Besonders charakteristisch ist das sehr modische Vaudeville-Rondeau als Schlusssatz.

Sonderwissen:

Das Concerto bei Bach

Johann Sebastian Bach beschäftigte sich schon sehr früh mit der Gattung Concerto. In seiner Zeit als Konzertmeister in Weimar (1708–1717) lernte er durch Johann Ernst von Weimar-Sachsen die neuesten Produktionen aus Italien kennen, nämlich Concerti von Vivaldi, Torelli und Marcello. Johann Ernst Moritz brachte 1713 die Noten dieser Stücke von einer „grand tour" in die Niederlande mit. Er hatte in Amsterdam wohl auch den blinden Organisten Jan Jacob de Graaf getroffen, der die modernsten italienischen Concerti in eigenen Clavierbearbeitungen spielte. Johann Ernst komponierte in der Folge selbst Stücke in der neuen Art. Bach erarbeitete sich durch die Anregungen Johann Ernsts ganz systematisch den neuen Typus, indem er 1713/14 ebenfalls etliche italienische Concerti für Orgel und für Cembalo bearbeitete. Er

betrieb also hier den umgekehrten Vorgang der „mettre en concert“ Praxis.
Die erste große Sammlung von Concerti Bachs sind dann die Brandenburgischen Konzerte von 1721. Fast alle Stücke dieser Sammlung gehen aber auf frühere Fassungen zurück. Bach öffnet in den Brandenburgischen Konzerten einen Kosmos von Möglichkeiten des Concerto-Prinzips.
Im Rahmen der „Freitagsmusiken“, die Bach als Leiter des Collegium musicum in den 1720er und 1730er Jahren im Zimmermannschen Kaffeehaus in Leipzig gestaltete, sind etliche Concerti für ein, zwei und auch drei Cembali erhalten. Es wird wohl zu Recht davon ausgegangen, dass diese Cembalokonzerte Bearbeitungen früherer Werke sind. Die meisten von ihnen dürften ursprünglich ganz in der italienischen Tradition für Violine gewesen sein. Die als original für Violine erhaltenen Konzerte BWV 1041 und 1042 a-Moll und E-Dur liegen zusätzlich glücklicherweise ebenfalls aus der Zeit des Collegium musicum in einer Fassung für Cembalo vor. So kann man Bachs Bearbeitungsverfahren studieren. In diesem Sinne gibt es umgekehrt eine ganze Reihe von Rekonstruktionsversuchen von weiteren, vermuteten Urfassungen der Cembalokonzerte. Das A-Dur Cembalokonzert BWV 1055 wurde z.B. als Konzert für Oboe d’amore und Streicher mit Basso continuo rekonstruiert. Diese Fassung könnte eventuell der nicht erhaltenen früheren Fassung entsprechen. Oder das Konzert c-Moll für zwei Cembali BWV 1060 gibt es in einer viel gespielten Rekonstruktion für Oboe und Violine mit Streichern und Basso continuo in d-Moll.
Bachs Concerti finden auch vielfältige Umformungen zu Sinfonia-Sätzen in den Kantaten. Sehr bedeutsam ist darüber hinaus das „Concerto nach italienischem Gust“ BWV 971. Zusammen mit einer französischen Suite, die Bach „Ouvertüre nach Französischer Art“ (BWV 831) nannte,

bildet das „Italienische Konzert“ den zweiten Teil der „Clavierübung“ für Cembalo. Bach stellt hier in exemplarischer Weise das italienische Concerto (und die französische Suite) als Gattung vor. Darüber hinaus demonstriert er – ebenfalls exemplarisch – die „mettre en concert“- Praxis in umgekehrter Richtung. Seine selbst gewählte Aufgabenstellung könnte hier heißen: wie klingt ein urtypisches italienisches Concerto für Soloinstrument, Streicher und Basso continuo, und wie übertrage ich es auf ein Cembalo? Diese Aufgabenstellung hatte Bach ja schon 1713/14 mit der Cembalobearbeitung von italienischen Concerti für den eigenen Lernprozess zu lösen begonnen.

Das Prinzip des „Concertare“ als Kompositionsstil ist in Bachs Werk ähnlich präsent, wie zum Beispiel das polyphone Prinzip und durchdringt alle Gattungen: Suite, Sonate, Kantate. Auch das frühe venezianische Concertoprinzip der Doppelchörigkeit fand zum Beispiel in der Matthäuspassion eine großartige Anwendung. Das Concertoprinzip beschäftigte Bach bis in seine letzte Lebensphase. Sein letztes konzertantes Werk ist das oben genannte Tripelkonzert a-Moll BWV1044, das nur in einer Abschrift seines letzten Schülers Johann Müthel erhalten ist.

Sonate

1 *Woher kommt der Begriff Sonate und wann bürgerte er sich ein?*

Der Begriff „sonada" wird schon in der ersten Hälfte des 16. Jahrhunderts in spanischen Lautentabulaturen für „Instrumentalstück" verwendet. „Sonar(e)" heißt im Spanischen und Italienischen: klingen. Er bürgerte sich gegen Ende des 16. Jahrhunderts in Italien ein. Das „sonar(e)" steht im Gegensatz zum „cantar(e)" (singen).

2 *Welche Art von „Instrumentalstück" ist denn mit diesem frühen Sonatenbegriff gemeint?*

Am Ende des 16. Jahrhunderts war der Begriff noch nicht eindeutig definiert und bezeichnete etwa auch ein Chanson, das teils für vokale, teils für instrumentale Stimmen gedacht war: „per cantar e sonar" (zum Singen und Spielen). Zu Beginn des 17. Jahrhunderts entstanden dann in Venedig die berühmten „Sonate" von Giovanni Gabrieli, die vor allem die orchestrale Mehrchörigkeit vorstellten. Ab 1610 entstanden dann die ersten Sonaten im barocken Sinn, also mehrteilige Instrumentalstücke für eine oder zwei Violinen mit Basso continuo (Gabrieli, Cima, Kindermann u.a.). Der Begriff „Canzona" war im frühen 17. Jahrhundert fast bedeutungsgleich mit „Sonata".

3 *Wie ist eine Sonate des Hoch- und Spätbarock organisiert?*

Eine Sonate ab etwa 1680 ist in mehreren in sich abgeschlossenen Sätzen angelegt. Sie besteht aus langsamen und schnellen Sätzen. Die Sätze stellen meist verschiedene Affekte in ihr Zentrum. Ein Satz oder auch mehrere Sätze können in eine verwandte Tonart ausweichen.

4 *Für welche Besetzung ist die Sonate konzipiert?*

Sonaten gibt es vor allem für ein Melodieinstrument und Basso continuo. Der Basso continuo wird normalerweise von einem Bassinstrument (meist Cello, seltener Viola da gamba, sehr selten Fagott) und Cembalo ausgeführt. In Deutschland wurde ab 1740 die Continuostimme auch gern nur vom „Flügel" (Cembalo) gespielt. Die Oberstimme der meisten hoch- und spätbarocken Sonaten ist für die Violine bestimmt, quantitativ gefolgt von der Traversflöte, dann der Blockflöte, Oboe, Fagott, Viola da gamba und spät erst Violoncello.
Extrem verbreitet ist vor allem auch die Triosonate für zwei gleiche oder zwei verschiedene Oberstimmeninstrumente. Verschiedene Oberstimmenbesetzungen wurden vor allem in Deutschland bevorzugt. In der formalen Anlage entspricht die Triosonate der Sonate für eine Oberstimme und Basso continuo.
Weniger verbreitet war die „Quadro-Sonate". Auch

hier finden sich Werke nur für Streicher, oder Streicher und Bläser gemischt.

5 *Welche Sonatensammlung wirkte stilbildend für die Zeit des Hoch- und Spätbarock?*

Für die gesamte folgende Zeit waren die zwölf Sonaten op. 5 für Violine und Basso continuo von Arcangelo Corelli stilbildend. Sie wurden 1700 bei Gasparo Pietra Santa in Rom gedruckt. Es erschienen in den folgenden Jahrzehnten viele Nachdrucke und auch Transkriptionen für andere Instrumente. Ein besonders wichtiger Druck ist derjenige bei Roger, Amsterdam von 1710, weil er die Adagii in einer verzierten Fassung bringt mit dem Vermerk „composez par Mr. A. Corelli, comme il les joue“ (komponiert von Herrn A. Corelli, wie er sie spielt).

6 *Welche Sonatentypen unterscheidet man im Hochbarock?*

Man unterscheidet spätestens seit Corelli die beiden Typen „Sonata da chiesa“ und „Sonata da camera“. Die Sonata da chiesa war ursprünglich in Italien wohl für die Kirche vorgesehen und steht auch satzmäßig im „Kirchenstyl“, die Sonata da camera ist verwandt mit der Suite und wurde in der „Kammer“, also den Palazzi der Adligen und reichen Bürger aufgeführt.

7 *Beschreiben Sie die charakteristischen Merkmale der Sonata da chiesa.*

Die Sonata da chiesa hat standardmäßig eine viersätzige Reihenfolge langsam-schnell-langsam-schnell. Dabei ist der langsame erste Satz in der Regel sehr ernst und harmonisch reich angelegt, der schnelle zweite Satz ist sehr oft im „gearbeiteten Stil“ geschrieben mit fugatoartiger oder imitatorischer Schreibweise. Der langsame dritte Satz weicht gewöhnlich in die parallele Tonart aus und bildet einen Affektgegensatz zum ersten Satzpaar. Der schnelle vierte Satz schließlich ist meist weniger streng gearbeitet als der zweite Satz. Er steht häufig in einem tänzerischen Dreiermetrum mit virtuosem Aspekt.

8 *Was sind die Standardmerkmale der Sonata da camera?*

Die Sonata da camera ist ein Mix aus Sonata und Suite. Bei Corelli besteht die parte seconda (Zweiter Teil) in seinem op. V ausschließlich aus Sonate da camera. Die sechs Sonaten werden jeweils durch ein Preludio eingeleitet und bieten dann eine Abfolge von Tanzsätzen. Im Frontispiz des Originaldruckes werden alle Satztypen genannt: Preludii Allemande Correnti Gighe Sarabande Gavotte e Follia. Damit stehen diese Sonaten einer Suite sehr nahe.
Auch „Der Brauchbare Virtuoso“ von Johann Mattheson ist eine Sammlung von zwölf typischen „Kammer=Sonaten“, wie es im Titelblatt des Ham-

burger Originaldruckes von 1720 heißt, mit einem Satzpaar Adagio-Allegro gleichsam als Ouverture zu Beginn und angehängten Tanzsätzen.
In den Sonaten op. I von Georg Friedrich Händel, die um 1730 bei John Walsh in London gedruckt wurden, gibt es neben typischen Kirchensonaten auch Sonate da camera, die von der Disposition her sehr ähnlich wie bei Mattheson (Händels Bekanntem aus seiner Hamburger Zeit) angelegt sind.

9 *Gibt es nach Corelli weitere Ausformungen dieser Sonatentypen?*

Für Dresden und seinen Einflussbereich ist seit den 1720er Jahren charakteristisch die „Sonate auf Concertenart". Hier fließen Elemente des Concertos in die Sonatenkomposition ein. Es finden sich Sätze mit ausgeprägten Ritornell- und Soloepisoden, die jeweils durch deutliche Affektwechsel Kontraste bilden. Die imitatorische und streng gearbeitete Schreibweise tritt zurück zugunsten der Concertoform vivaldischer Prägung.

10 *Welchen Sonatentypus bevorzugte Johann Sebastian Bach?*

Bei Bach findet man sowohl den Typus der Sonata da chiesa, als auch den Typus der Sonata da camera. Bach experimentierte auch mit der „Sonate auf Concertenart". Daneben gibt es auch einen dreisät-

zigen Sonatentyp schnell-langsam-schnell, und die Mischformen all dieser Typen.
Bach legte sich also auf keinen Typus fest, sondern sein Verständnis von Sonate blieb immer in Entwicklung.

11 *Hat sich die barocke Sonate noch weiterentwickelt?*

Charakteristisch ist die Entwicklung zum „Solo“ im Rahmen des galanten Stils, dessen äußerst typischer Vertreter Georg Philipp Telemann ist. Das „Solo“ ist eine Sonate für ein Melodieinstrument mit Continuobegleitung, das nicht eindeutig einer der beiden hochbarocken Typen zuzuordnen ist. Vor allem der kontrapunktische Aspekt der Sonata da chiesa galt ab etwa 1730 als altmodisch. Der Bass hat rein begleitende und kommentierende Funktion. Die konzertierende Oberstimme ist kantabel und virtuos angelegt und oft reich ornamentiert. Typische Beispiele sind die „Methodischen Sonaten“ von Telemann.
Die Triosonate als die urtypische Form der Kammermusik des Spätbarock wurde lange eher etwas traditioneller gearbeitet als das „Solo“ .

12 *Gab es vor der klassischen Sonate noch eine weitere typische Ausprägung der barocken Sonate?*

Für Norddeutschland ist seit den 1730er Jahren typisch die dreisätzige Sonate Berliner Prägung mit der Satzfolge langsam-schnell-schneller. Ein typischer Vertreter ist Carl Phillip Emanuel Bach. Dieser Sonatentypus wird analog zur beschleunigenden Satzanordnung gerne „Stretta-Sonate“ genannt. Die Sätze haben neben ihrer Tempodisposition auch eine Affektdisposition: der erste Satz ist meist der hochexpressive, empfindsame Satz. Der zweite Satz ist der gearbeitete, ernsthafte, strenge Satz, der dritte Satz ist der schnelle und lebendige Satz, der sehr häufig im Menuett oder Passepied-Tempo steht. Genauso häufig findet man als dritten Satz einen Variationssatz, meist zu einem Menuett-Thema.

13 *Wie sieht es in Frankreich mit der Sonate aus?*

Um 1710 hieß es in Frankreich angeblich noch „Sonade, que me veux-tu?“ (Sonate, was willst Du denn?), weil die Suite die beherrschende Instrumentalgattung war. Aber ab etwa 1710 wurden auch in Frankreich zunehmend Sonaten veröffentlicht, die aber deutlich französisches Kolorit hatten.

14 *Wie unterscheiden sich diese französischen Sonaten von den italienischen Sonaten und deren deutschen Derivaten?*

Im Prinzip bleiben die französischen Komponisten auch in den Sonaten ganz nahe an der Suite. Wirklich streng imitatorisch gearbeitete Sätze wie in der italienischen Sonata da chiesa findet man wenig.

Vielmehr sind Tanzsätze wie Allemande, Corrente, Sarabande und Gigue auch in den Sonaten ausgesprochen präsent.
Allerdings sind die französischen Sonaten meist als Zyklen von vier, seltener auch mehr sich aufeinander beziehenden Sätzen konzipiert. Sie folgen hier der Idee der italienischen Sonate und haben nicht die relative Beliebigkeit der französischen Suite.

15 *Welcher bedeutende französische Komponist war denn maßgeblich an der Einführung der Sonate in Frankreich beteiligt?*

Francois Couperin schrieb vor 1700 schon Triosonaten, die unter dem italienisch klingenden Pseudonym „Pernucio" (ein Anagramm von C-o-u-p-e-r-i-n) handschriftlich Verbreitung fanden. In seinem Druck „Les Nations" von 1720 fügte er diesen Sonaten jeweils eine Suite an und inszenierte damit ein musikalisches Aufeinandertreffen von Italien und Frankreich. Couperin thematisierte auch in anderen Werken die Begegnung von Suite und Sonate, also des französischen und italienischen Stils und sah in der „Réunion des goûts" (Wiedervereinigung der Stile) die Zukunft der „perfection de la musique".

16 *Wie ging es denn in Frankreich mit der Sonate weiter?*

Spätestens ab 1720 erschien in französischen Drucken eine wahre Flut von Sonaten, Triosonaten und ab 1730 etwa auch Quadrosonaten. Formal folgen diese Kompositionen italienischen Vorbildern. Die Satztypen und die Diktion bleiben aber meist sehr französisch. Man nannte das in Frankreich den „Goût italien".

17 *Wer ist wohl im spätbarocken Frankreich der bedeutendste Sonatenkomponist?*

Wahrscheinlich Jean Marie Leclair mit seinen vier Büchern mit hochbedeutenden Violinsonaten und seinen Triosonaten für zwei Violinen und Basso continuo.

Sonderwissen: „Solo"

Ein „Solo" ist eine Sonate für ein Melodieinstrument mit begleitendem Basso continuo.
Eine Komposition für ein unbegleitetes Soloinstrument, also etwa Violine, Flöte, Violoncello, Viola da gamba heißt „Solo senza basso" oder „Solo sens basse". Berühmte Beispiele: die Sonate a-Moll für „Violino senza basso" von Pisendel, die Sonaten und Partiten für „Violino solo senza basso" von Johann Sebastian Bach, oder die Fantasien für Violine und Flöte „solo senza basso" von Telemann, die Sonate a-Moll für Flöte „solo senza basso" von Carl Philipp Emanuel Bach. Bachs Solo-„Partita" a-Moll BWV 1013 hat in der einzigen erhaltenen handschriftlichen Quelle den Titel: „Solo pour

la Flute traversière par J.S.Bach". Es fehlt das „sans basse". Könnte es sein, dass die Bassstimme verloren gegangen ist? Oder ist der Titel ungenau?

Sonderwissen: Bachs Sonatentypen

Die Besetzung ist in den Sonaten von Bach für ihre Zeit ganz untypisch. Die normale Solo- und Triosonate für ein oder zwei Melodieinstrumente mit Basso continuo Begleitung ist in Bachs Sonatenschaffen in der absoluten Minderzahl. Von den Violinsonaten sind nur die Sonate G-Dur BWV 1021 und die umstrittene Sonate e-Moll BWV 1023 mit Basso continuo Begleitung. Die drei berühmten Violin-Solosonaten BWV 1001, 1003, 1005 sind „senza basso" und die ebenfalls hochbedeutenden sechs Sonaten BWV 1014-1019 sind für Violine und Cembalo obligato." Alle Gambensonaten sind ebenfalls mit obligatem Cembalo. Von den Flötensonaten ist nur die e-Moll BWV 1034 aus der frühen Leipziger Zeit eine typische Continuosonate, die späte E-Dur BWV 1035 ist eher ein empfindsam-galantes „Solo". Die C-Dur Flötensonate BWV 1033 ist zwar eine Continuosonate, aber in dieser Form wohl kaum von Bach. Dagegen stehen dann vier Flötensonaten mit obligatem Cembalo (wenn man die g-Moll BWV 1020 dazu rechnet, die aber wahrscheinlich von Carl Philipp Emanuel Bach stammt).
Zusammenfassend: bei Bach stehen fünf Sonaten mit Basso continuo zwölf Sonaten mit obligatem Cembalo gegenüber. Im Übrigen gibt es nur zwei Triosonaten mit Basso continuo, nämlich das Trio G-Dur BWV 1039 für zwei Flöten und Basso continuo (eine Alternativfassung der Gambenso-

nate G-Dur BWV 1027) und das Trio c-Moll aus dem Musikalischen Opfer BWV 1079 für Flöte, Violine und Basso continuo. Das Trio G-Dur BWV 1038 für Flöte, Violine und Basso continuo hat denselben Bass wie die erwähnte Violinsonate BWV 1021 und gilt als Triobearbeitung dieser Sonate wahrscheinlich von Carl Philipp Emanuel Bach. Dagegen stehen die vielen Sonaten, die als Trio gearbeitet sind, aber nur von Violine (Gambe/Flöte) und Cembalo ausgeführt werden. Hinzu kommen die Triosonaten für Orgel allein (BWV 525–530). Man kann also feststellen, dass Bach mit der Tradition der Sonate für eine oder zwei konzertierende Stimmen mit Basso continuo bricht, jener Tradition, die seit 1610 mit den Sonaten von Cima begonnen wurde und das Sonatenschaffen des gesamten Barock beherrschte. Bach konzentriert sich, was die Besetzung und Realisation angeht, auf eine ganz neue und zukunftsweisende Konzeption.
In formaler Hinsicht entwickelte Bach die traditionelle Sonata da chiesa zu einer allerhöchsten Stufe von Struktur und Expressivität. Daneben experimentierte er aber auch mit ganz neuen Konzeptionen, die eigentlich stilistisch der Generation seiner Söhne zugeordnet werden.
Eine höchste Ausformung der hochbarocken Sonata da chiesa mit allen beschriebenen Merkmalen findet man in den Sonaten für Violino solo senza Basso BWV 1001, 1003, 1005, aber auch in den Gambensonaten G-Dur und D-Dur BWV 1027 und 1028, in der Flötensonate e-Moll BWV 1034 und dem Trio G-Dur BWV 1039 und in den Sonaten für Violine und Cembalo obligato BWV 1014–1019.
Daneben kultivierte Bach einen dreisätzigen Sonatentyp, der Elemente des gearbeiteten Stils und des Concertos vereinigt. Charakteristisch dafür sind die Orgeltriosonaten BWV 525–530.

Anfang der 1730er Jahre experimentierte Bach mit der neumodischen „Sonate auf Concertenart“, die Vivaldis Ritornellstruktur in das Sonatenschaffen integriert. Bach hatte diese Art von Sonate in Dresden kennen gelernt. Beispiele sind die Sonaten A-Dur BWV 1032 und Es-Dur für Flöte und Cembalo 1031 aus den frühen 1730er Jahren. Die g-Moll-Sonate BWV 1020, die der Es-Dur Sonate auffallend ähnlich ist, stammt wohl aus derselben Zeit. Der Komponist ist wahrscheinlich Carl Philipp Emanuel Bach. Schade, dass die Triosonate für Violine, Viola und Basso continuo, die Bach zu derselben Zeit gemeinsam mit Carl Philipp Emanuel verfasst hat, verloren gegangen ist.
Darüber hinaus arbeitete Bach seine Sonaten satztechnisch so, dass sie einen umfassenden Kanon von Stilen und Formen präsentieren und eine Art „Universalsonate“ vorstellen. Das perfekte Beispiel dafür ist die Sonate h-Moll BWV 1030 für Flöte und Cembalo. Der erste Satz ist eine sehr kunstvoll gearbeitete Concertoform. Einerseits gibt es klar definierte Ritornelli und Soloteile, deren zunächst getrenntes Material sich aber immer mehr durchdringt. Zudem entwickelt sich der Satz immer mehr mit kontrapunktischen Techniken wie Kanon und variierender Imitation, Tutti- und Soloepisoden überlagern sich und die motivischen und formalen Keimzellen entwickeln sich zu einer großartigen Gesamtstruktur, die keinem Typus mehr zugeordnet werden kann. Der zweite Satz ist ein arioses „Solo“. Eine stark kolorierte Melodiestimme in Siciliana-Manier wird nur vom Basso continuo begleitet. Bach hat diesen Basso continuo nicht mit einer bezifferten Bassstimme notiert, sondern hat sie für Cembalo auskomponiert und die rechte Hand ebenfalls stark koloriert. Als letzter Satz folgt ein zweiteiliges Presto. Der erste Teil ist eine dreistimmige Fuge im stile antico, die Oberstimme

wird von der Flöte gespielt, Mittel- und Unterstimme vom Cembalo. Der zweite Teil des letzten Satzes ist eine höchstvirtuose, imitativ gearbeitete Gigue in Triosonatenart, also mit zwei konzertierenden Oberstimmen und Bass, im sehr ungewöhnlichen 12/16 Takt.
Bach vereinigt in dieser großen Sonate also die Formen Concerto-Solo-Fuge-Suite und die verschiedenen stilistischen Schreibweisen vom alten Kirchenstil bis zum modernen galanten Stil in einem einzigen Stück.

Suite und Tanztypen

1 *Was ist eine Suite und woher kommt der Begriff?*

Der Begriff kommt vom französischen suivre = folgen. Eine Suite ist eine Folge von Tanzsätzen.

2 *Gibt es dafür noch einen anderen Begriff?*

In den französischen Sammlungen mit Cembalomusik, etwa bei François Couperin, wird auch der Begriff „Ordre“ verwendet.
In deutscher Musik, etwa bei Bach, wird oft auch der lateinische Begriff „Partita“ oder „Partia“ verwendet (Beispiel: Partiten für Violine solo, sechs Partiten aus der „Clavierübung“). Und sogar der Begriff „Sonate“ wird verwendet (Beispiel: Die Lautensuiten von Sylvius Leopold Weiss).
Im deutschen Sprachraum wird auch oft der Begriff „Ouverture“ verwendet, so bei Bach und Telemann u.v.a. .

3 *Gibt es da Bedeutungsunterschiede?*

Eine „Ordre“ ist eine meist größere Sammlung von Tanzsätzen und Charakterstücken auf einem gemeinsamen Grundton. Die Stücke können sowohl in

Moll als auch Dur stehen. Meist gibt es von einem Satztypus mehrere Stücke, so dass man sich aus diesem Vorrat seine eigene Suite selbst zusammenstellen kann.
Suiten sind nach 1710 zunehmend eher etwas weniger umfangreich und haben immer mehr Zykluscharakter, sind also nicht eine lose Sammlung von Stücken.
Der Begriff Ouverture kommt von dem oft sehr umfangreichen Einleitungssatz, der namensgebend für die gesamte Suite wird.

4 *Können Sie eine typische Ouverture beschreiben?*

Die typische französische Ouverture ist dreiteilig. Der erste langsame und gravitätische Teil ist gekennzeichnet durch punktierte Rhythmen, die den Charakter eines repräsentativen Auftritts haben. Dieser einleitende Teil wird wiederholt. Der zweite Teil ist ein schnelles Fugato dessen „Beat" mit dem Tempo des einleitenden Teiles meist in Proportion steht, danach kommt als dritter Teil wieder ein punktierter Teil, der dem ersten eng verwandt ist. Anschließend werden Fugato und dritter Teil wiederholt. Die Ouverture ist häufig sehr umfangreich, oft sogar ähnlich lang wie die komplette, sich anschließende Suite. Daher wird der Begriff „Ouverture" gern auch als Bezeichnung für das komplette Stück verwendet (Beispiel: Bach, Orchester-Ouverturen, oder „Französische Ouverture" aus dem dritten Teil der Clavierübung, Telemann, „Darmstädter Ouverturen" u.v.a.).

5 *Gibt es eine standardisierte Satzfolge bei Suiten oder Partiten?*

Das kann man so nicht sagen, weil die Verschiedenheit und eine gewisse Beliebigkeit das hervorstechendste Merkmal der Suitenkomposition ist.
Vor allem Orchestersuiten haben eine besonders bunte Satzfolge, weil sie oft nur eine Sammlung von Balletstücken aus Opern waren, z.B. bei Lully und Rameau.
Man kann aber eine deutliche Vorliebe für die Satzfolge Prélude – Allemande – Courante – Sarabande – Gigue bei Cembalosuiten und auch Suiten für Flöte oder Violine und Basso continuo ab 1700 beobachten.
Der Beginn mit einem Prélude ist fast zwingend. Wenn kein Prélude notiert ist, wird vom Spieler ein selbst erfundenes Prélude beinahe erwartet. Sehr viele Suiten haben dann als ersten Tanzsatz eine Allemande und als letzten eine Gigue. Die Sarabande, der langsamste Tanzsatz, ist ebenfalls ausgesprochen oft in Suiten anzutreffen, u.z. zwischen Allemande und Gigue.

6 *Wenn es noch zusätzliche Tanzsätze in der Cembalo- oder Flöten/Violin-Suite gibt, wo werden sie dann üblicherweise platziert?*

Sehr oft werden sie nach der Sarabande platziert.

7 *Welche Tanzsätze können das sein und gibt es für solche Sätze einen Begriff?*

Es können sein: Menuett, Bourrée, Rigaudon, Passepied, Gavotte, Chaconne oder Passacaille, Branle, Sicilienne, Forlane, Loure, Tambourin. Chaconne, Passacaille und Tambourin bilden auch häufig den Schluss einer Suite.
Einige deutsche Autoren nennen solche Sätze „Galanteriesätze", was gleichzeitig aber auch ein Begriff für Tanzsätze allgemein ist.

8 *Angenommen, man könnte von einer Suite als einem Zyklus sprechen (was ja streng genommen nicht zutreffend ist), wie sähe dann eine typische Satzfolge aus?*

Prélude – Allemande – Courante – Sarabande – Galanteriesätze – Gigue – eventuell Chaconne

9 *Wenn man sich die Suiten in Frankreich anschaut, kann man da eine Tendenz in der Anlage erkennen?*

Auf jeden Fall geht die Tendenz von einem großen Ordre mit einer Vielzahl von Stücken auch desselben Typus, die zur Auswahl stehen, hin zu Suiten mit viel weniger Sätzen und jeweils nur einem Satz eines bestimmten Typus.

10 *Womit hängt das eventuell zusammen?*

Das hängt sicher zusammen mit der immer größeren Präsenz der italienischen Sonata in Frankreich. Die Sonata ist ja im Gegensatz zur Suite als dramaturgischer Zyklus angelegt. Diese Konzeption wurde auch für die Suite immer mehr zu einem Vorbild, zumal die Sonata da camera mit der Suite ja auch eng verwandt ist.

11 *Schauen wir uns einmal die Tanztypen an. Wie könnte man sie strukturell unterscheiden?*

Prinzipiell kann man sie unterscheiden in periodische und nicht-periodische Formen.
Die periodischen Formen sind zweiteilig (forma bipartita), beide Teile werden wiederholt. A-Teil und B-Teil sind in symmetrische Perioden aufgeteilt, also zwei-, vier- oder achttaktige Perioden. Die Wiederholung des B-Teils wird oft „Reprise“ genannt. Häufig wird die allerletzte Periode noch einmal wiederholt, das nennt man eine „petite reprise“.
Die nicht-periodischen Tanztypen können ebenfalls zweiteilig oder auch einteilig sein, aber sie haben keine symmetrisch aufgebauten Perioden, sondern sind periodisch frei organisiert.

12 *Nennen Sie einige periodische und einige nicht-periodische Tanztypen.*

Periodische Tanztypen sind u.a. : Menuett, Bourrée, Gavotte, Passepied, Rigaudon, Sarabande.
Nicht-periodische Tanztypen sind: Allemande, Courante, Gigue.

13 *Können die Tanzsätze auch in einer anderen Form als der „forma bipartita“ aufgebaut sein?*

Ja, vor allem Gavotte, aber auch Menuett, Sicilienne, Pastorale sind häufig „en rondeau“ gesetzt, also in Rondoform mit einem wiederkehrenden Ritornell, das bei den Franzosen „rondeau“ heißt, und verschiedenen Zwischenteilen, den „couplets“. Eine solche Form als Ganzes nennt man in Frankreich meist einfach Rondeau. Häufig gibt es dann noch ein zweites, alternierendes Rondeau im jeweils anderen Tongeschlecht auf demselben Grundton.

14 *Nennen Sie einige typische Merkmale und den Unterschied von Menuett und Passepied.*

Das Menuett war der Lieblingstanz von Louis XIV. und hat damit eine Favoritstellung in der klassischen französischen Suite. Es steht meist im 3/4-Takt, selten im 6/4- oder 6/8-Takt. In der Choreographie des Menuetts werden immer zwei Takte zusammengefasst, daher notierten die Komponisten selten auch die Sechser-Takt-Variante (Beispiel: Händel, h-Moll Traversosonate aus op. 1). Das Tempo ist generell schnell (Quantz: doppelter Pulsschlag für die Viertel, also 160 MM). Die Form ist zweiteilig oder „en rondeau“. Das Menuett hat keinen Auftakt. Oft ist es alternierend angelegt (zwei Menuette mit Da capo des Menuett I). Die Achtel werden inégal gespielt. Das Passepied ist ein sehr schnelles Menuett, der schnellste Tanz überhaupt. Formal ist das Passepied dem Menuett sehr ähnlich. Es steht fast immer im 3/8 Takt. Wenn vom Tempo her möglich, werden die Sechszehntel inégal gespielt.

15 *Nennen Sie Merkmale der Allemande.*

Die Allemande ist ein mäßig schneller Tanzsatz, der möglicherweise nie getanzt wurde. Sie steht meist im 4/4 Takt und ist fast immer zweiteilig. Der Charakter ist eher ernst, oft auch gravitätisch. Mattheson nennt das „eine ernsthaft gebrochene Harmonie“. Sehr häufig ist die Allemande durch motorische Sechzehntel gekennzeichnet. Sehr viele Allemanden beginnen mit einem oder drei Sechzehntel-Auftakt und einer (oft punktierten) Viertelnote auf der ersten Eins. Es gibt auch Allemanden, die weniger motorisch sind und dafür mehr punktierte Rhythmen haben (Hotteterre: „La Royale“ aus op. II), aber auch Allemanden, die durch laufende Figuren gekennzeichnet sind (Hotteterre: „L'Atalante“ aus op. II). Vor allem in Deutschland waren auch Allemanden beliebt, die fast wie ein Präludium angelegt sind. In französischen Allemanden werden die Sechzehntel leicht inégal gespielt.

Es gibt auch selten einen schnellen Allemandentyp im 2/4- oder 4/8-Takt, der mehr einem Rigaudon ähnelt.

16 *Was unterscheidet eine französische Courante von einer italienischen Corrente?*

Die französische Courante ist ein langsamer Tanzsatz meist im 6/4-Takt. Typisch sind die Abwechslung von punktierten Noten und kurz gespielten Vierteln und ständige metrische Akzentverschiebungen. Der Sechser-Takt ist abwechselnd in dreimal zwei und zweimal drei Viertel aufgeteilt. Dadurch wirkt die Courante sehr stolz und asymmetrisch. Die Achtel werden inégal gespielt.
Die italienische Corrente (auch: Courante) ist ein völlig anderer Typ. Sie steht fast immer im 3/4-Takt und hat eine oder drei Achtel als Auftakt. Das Tempo ist schnell. Die Achtel werden égal gespielt.
Die italienische Corrente kann auch nur ein mittleres Tempo haben, wenn die Figuren viele Sechzehntel aufweisen.

17 *Was können Sie zur Sarabande sagen?*

Die Sarabande war ursprünglich und noch bis Mitte des 17. Jahrhunderts ein sehr schneller Satz mit frivolem Charakter. Die Sarabande wurde am französischen Hof dann ein langsamer Satztypus im 3/4 Takt. Das Tempo ist der französischen Courante sehr

ähnlich. Sie ist meist zweiteilig und hat zusätzlich oft eine petite reprise. Sie ist sehr oft in symmetrischen Perioden aufgebaut, wobei zwei Takte häufig eine Einheit bilden. Im ersten Takt gibt es oft eine Betonung auf der zwei, im zweiten Takten wird dann die eins betont. Die französische Sarabande benutzt sehr gern punktierte Noten, dadurch ist der Grundaffekt der Stolz oder auch der Schmerz (Hotteterre: „le depart“) und ist verwandt mit einer Plainte. Mattheson sagt im „Vollkommen Capellmeister“, dass der Grundaffekt der Sarabande die Eigenliebe ist.
Recht oft gibt es Sarabanden mit ornamentierten Wiederholungen (bei Bach: „Les agréments de la même sarabande“). Die Sarabande kann auch die Form eines Rondeau haben. Das verbreitete „Folies d'Espagne“-Thema (Follia) ist der Sarabande entlehnt. In der französischen Sarabande werden die Achtel inégal gespielt.
Es gibt auch Sarabanden mit fließenden Achtel-Noten, die nicht den stolzen Affekt haben und sehr verschieden von den eigentlichen französischen Sarabanden sind (Beispiel: Bach, Schlusschor der Matthäuspassion).

18 *Gibt es verschiedene Gigue-Typen und was sind die typischen Merkmale?*

Die italienische Giga ist ein sehr motorischer Satztypus im 6/8, 9/8 oder 12/8 Takt. Sie ist ein ausgesprochen schneller Satz. Sie ist sehr ähnlich der englischen Jigg, die heute noch in der keltischen

Volksmusik (Irland und Schottland) gepflegt wird. Manche Komponisten deuten ein noch rascheres Tempo dadurch an, dass sie sogar 6/16 usw. vorschreiben. Berühmtes Beispiel: Bach, Sonate h-Moll BWV 1034, letzter Satz im 12/16-Takt und Presto gespielt.

Die französische Gigue ist viel langsamer, meist mit punktierten Rhythmen und überhaupt insgesamt rhythmisch vielfältiger und satzmäßig komplexer als die motorische Giga. Sie steht im 6/4 oder 6/8 oder 9/8 Takt. Die sehr schnelle Variante der punktierten französischen Gigue ist die Canarie 3/8- oder 6/8-Takt. (Sehr schönes Beispiel: Telemann, Ouverture „Hamburger Ebbe und Flut“, letzter Satz „Die lustigen Bootsleut“).

Die Giga ist der bevorzugte Satz für kontrapunktische Kunstfertigkeiten (Imitation, Umkehrung etc.).

19 *Was ist eine Gavotte?*

Die Gavotte kommt in einem recht langsamen Typ vor, viel häufiger aber ist sie ein ziemlich schneller Satz, meist im 4/4 oder alla breve Takt mit zwei kurzen Auftakten. Manchmal steht die Gavotte auch im 2/4 Takt, sodass der erste Takt mit den zwei Vierteln jeweils der Auftakt des zweiten Taktes ist. Die Gavotte ist oft alternierend angelegt, also Gavotte I-II-I, oft auch „en rondeau“. Typisch ist auch eine durchgehende Achtelbewegung im Bass oder der Oberstimme, die in französischer Musik auch oft „coulé“ gespielt werden, also in Zweier-Gruppen gebunden. Die Achtel sind meist inégal, es sei denn, es gibt eine gegenteilige Spielanweisung, etwa: „les croches égales et coulés“ (die Achtel egal und coulé).

20 *Was ist eine Bourrée?*

Die Bourrée ist ein sehr schneller Tanz, meist im 4/4 oder alla breve Takt, oder im französischen 2er-Takt (der „mesure à deux temps vîtes“ mit zwei Halben). Sie hat ein Viertel oder zwei Achtel als Auftakt, ist zweiteilig, oft alternierend oder auch „en rondeau“. Die Achtel werden inégal gespielt, wenn es das Tempo zulässt.

21 *Was ist ein Rigaudon?*

Ein eher kurzer, zweiteiliger, meist symmetrischer Tanzsatz im 4er-Takt, der ziemlich schnell ist und verwandt mit der Bourrée, aber fast nie einen Auftakt hat.

22 *Was ist ein Sicilienne?*

Das Sicilienne oder Siciliano steht in einem Tripelmetrum (6/8, 9/8 oder 12/8). Typisch ist ein wiegender punktierter Rhythmus in mäßigem Tempo. Das französische Sicilienne kommt auch ohne

Punktierungen in gleichmäßig wiegender Drei-Achtel-Bewegung vor.
Siciliano und Siciliennes sind der Pastorale eng verwandt, die es ebenfalls als punktierten und nicht punktierten Typus gibt.
Beide Satztypen gibt es in der „forma bipartita" und auch sehr oft „en rondeau".

23 *Was sind Loure und Forlane?*

Die Loure ist ein meist sehr gewichtiger und schwerer Satz im 6/4 Takt mit starken Punktierungen („louré" gibt es auch als Spielanweisung und bedeutet: stark und mit Gewicht punktiert). Sie ist in gewisser Weise eine langsame und gewichtige Version der punktierten französischen Gigue.
Die Forlane ist sozusagen die schnelle und elegante Variante der Loure, sehr oft im 6/8 Takt mit einem typischen punktierten Rhythmus, wie ein schnelles Siciliano.

24 *Was sind Chaconne und Passacaille?*

Im Prinzip sind Chaconne und Passacaillen Variationen über einem ostinaten Bassmodell.
Dabei hat vor allem die Chaconne den punktiert-stolzen Tanzcharakter der Sarabande, allerdings ist sie erheblich schneller als die Sarabande. Sie fängt sehr oft auf der zwei des Taktes an. Passacaillen sind meist etwas langsamer als Chaconnen und ha-

ben nicht unbedingt den punktierten Charakter und sind auch häufig nicht tänzerisch konzipiert. Beide Formen haben häufig sehr virtuose Variationsteile und Variationen, die eine Battaglia darstellen. Chaconne und Passacaglia sind ausladend lang und dabei gestalterisch sowie technisch anspruchsvoll. Daher sind sie oft Schlusssätze einer Suite (Berühmtes Beispiel: Bach, Chaconne aus der Partita für Violine solo d-Moll, aber auch etwa: Jean Marie Leclair, Deuxième récréation de musique).

25 *Wann war die Zeit der Suite vorbei?*

Telemann schrieb in hohem Alter in den 1760er Jahren noch sehr bemerkenswerte Suiten. Aber im Prinzip wurde die Suite ab 1730 altmodisch und um 1750 war die Zeit der Suite als Instrumentalgattung vorbei. Als Ballettmusik lebte sie aber noch sehr lange. Auch in den 1780er Jahren waren die typischen barocken Tanzformen als Ballette noch immer gefragt und aktuell.

26 *Gibt es in der Klassik ein Pendant zur barocken Instrumentalsuite?*

In der Klassik waren es die Serenade, die Cassation oder das Divertimento, die hauptsächlich Tanzsätze präsentierten, manchmal vermischt mit Concertosätzen wie in den Serenaden von Mozart (Haffner-Serenade, Posthorn-Serenade usw.) .

Stil

1 *Wann entstand bei den Komponisten der Barockzeit das Bewusstsein für Stil?*

Das Bewusstsein für Stil ist von Anfang an ein Merkmal des Barock. Schon die bewusste Anwendung der seconda pratica setzte das Bewusstsein von Stil voraus. Vor allem in Italien wurde die neue Zeit und ihr modernes ästhetisches Konzept bewusst begründet und eingesetzt. Monteverdi wurde wegen seines modernen Stils heftig angegriffen. Er setzt den alten und den neuen Stil gezielt als musikalisches und dramaturgisches Gestaltungsmittel ein.

2 *Womit hängt es eventuell zusammen, dass gerade in Italien der neue Stil entstand?*

Ganz sicher hängt es in Italien u.a. mit der so genannten „Gegenreformation“ zusammen. Diese Bewegung war ein groß angelegter Versuch, die Reformation zurückzudrängen oder wenigstens, die weitere Ausbreitung zu verhindern. Die Kunst der Gegenreformation beabsichtigte, der protestantischen Strenge mit einem sinnlichen Gegenentwurf zu begegnen. Die Kunst der Gegenreformation wollte sozusagen den Himmel schon auf Erden sinnlich erfahrbar machen. Dieser Vorgang wurde ganz bewusst und gezielt eingesetzt in der Architektur, der

Malerei und auch der Musik. Dem kargen Stil der protestantischen Länder wurde der üppige und sinnliche Stil der katholischen Länder entgegengesetzt.

3 *Ist das Barock denn ein vor allem katholisches Phänomen?*

Die protestantischen Länder hatten nach dem Bildersturm grundsätzliche Probleme mit bildlichen Darstellungen von religiösen Inhalten. Die Musik dagegen wurde als Predigt in Tönen verstanden und war somit ein zentrales Thema des Gottesdienstes und auch der privaten Frömmigkeit. Da es in der Reformation maßgeblich um den (Bibel-)Text ging, wurde mit Vorliebe die Landessprache und nicht das Lateinische für die Kirchenmusik verwendet. Daher kommt die zentrale Bedeutung der Kantate z.B. in der deutschen Kirchenmusik. Zusammenfassend kann man sagen, dass in den protestantischen Ländern der Fokus der Kunst als sinnlich erfahrbare Darstellung auf der Musik lag. In den katholischen Ländern waren gegenreformatorische Ideen auf alle Kunstformen bezogen, die Musik war nur eine Form unter vielen.

4 *Gab es denn in der Musik des Barockzeitalters ein Stilkriterium, das Nationen und Konfessionen verband?*

Nicht im eigentlichen Sinne. Aber das Prinzip des Konzertierens, die Monodie, die Bedeutung der Harmonie und die Affektdarstellung sind sicher über die Grenzen, Zeiten und Konfessionen hinweg im so genannten Barock ein verbindendes Stilkriterium gewesen.

5 *Wie sieht das im Hoch- und Spätbarock aus?*

Politisch gesehen stand die Zeit nach dem 30-jährigen Krieg (1618–1648) ganz im Zeichen des Feudalismus. Der Feudalherr benutzte Kunst zur Repräsentation des eigenen absoluten Machtanspruchs. Das große Vorbild für die Feudalherren Europas war Louis XIV., der das System des Absolutismus wie kein zweiter repräsentierte und realisierte. Kunst und Musik dienten dem Zweck der Darstellung dieser seiner absoluten Macht. Der Fürst wurde einerseits verglichen mit Mars, dem Kriegsgott, und andererseits mit Apollo, dem Gott der Kunst und dem Herrn der Musen, zu denen auch die Musik gehörte. Auch in der christlichen Anschauung war der Fürst ein von Gott legitimierter Herrscher, sozusagen Gottes politische Manifestation auf der Erde. Das göttliche Ordnungssystem fand seine Konkretion in dem weltlichen Herrschaftssystem des Absolutismus. (In diesem Weltanschauungssystem hatte z.B. Bach nicht die geringsten Probleme, weltliche Huldigungskantaten zu geistlichen Kantaten umzuformen.)

In Italien waren es auch weiterhin die römisch-katholische Kirche, aber auch die Fürsten, die als Förderer der Kunst auftraten. Aber durch die sehr unterschiedliche politisch/soziale Situation in diesen beiden Ländern entwickelte sich ein jeweils eigener Nationalstil, der sehr verschieden voneinander war. In Deutschland wurde die Vorherrschaft der beiden Stile sehr deutlich wahrgenommen und akzeptiert. Man sprach vom französischen und italienischen Geschmack.

6 *Wie könnte man in aller Kürze den französischen und den italienischen Geschmack im Hoch- und Spätbarock beschreiben?*

In Italien waren es vornehmlich die Dominanz der Sonate und des Concerto, eine gewisse Vorliebe für eine kontrapunktische Setzweise vor allem in der Kirchenmusik, die seit dem 16. Jahrhundert immer weiter kultivierte Praxis der Diminution, die dem Spieler einerseits viel Freiheit ließ, andererseits ihn stark in die Entstehung eines Werkes einband, und in der Oper die Praxis, dass die Handlung praktisch ausschließlich auf die Rezitative konzentriert war, und die Arien die Funktion hatten, die Kunst der Sängerinnen und Sänger zu zeigen. Ensembles und Chöre existieren in der italienischen Oper kaum.
In Frankreich war Instrumentalmusik in allererster Linie die Suite, von der Solobesetzung bis zum großen Orchester. Die spezielle französische Ornamentik gab der Instrumentalmusik ihr unverwechselbares Kolorit. Die französische Oper hatte einen

erheblichen Anteil an Balletten, die Handlungsteile szenisch darstellten. Die durchgehende Aufteilung in Rezitativ und Arie der italienischen „opera seria" ist für die französischen „tragédie lyrique" ganz untypisch. „Recit" und „Air" sind etwa gleichermaßen am Verlauf der Handlung beteiligt. Einen recht hohen Anteil nehmen in der französischen Oper auch die Chöre ein. Dies ist der italienischen Oper völlig fremd. Die französische Oper ist somit viel mehr ein lyrisch-dramatisches Gesamtkonzept.
Die italienische Oper wird häufig als Ariensammlung ohne zwingende Dramaturgie gesehen. Es gibt darin zwei nur notdürftig verbundene Ebenen: einerseits die durchgehende Handlung in den Rezitativen, und andererseits die teilweise wunderbaren Arien, die aber unter dramaturgischem Gesichtspunkt auch in gewissem Maße austauschbar sind und je nach Sängerbesetzung auch ausgetauscht wurden.
Zusammenfassend könnte man sagen, dass der italienische Stil für Virtuosität, Brillanz und Pathos stand und der französische Stil für Repräsentation, Form und Tanz.
Die Nationalstile waren im Bewusstsein der Musiker und Musikliebhaber zementiert, und es gab zwischen ihnen wenig Berührungspunkte.

7 *Wann kam denn Bewegung in die Frage der nationalen Stile?*

In Frankreich fand nach dem Tode Louis XIV. eine Öffnung für italienische Einflüsse statt. Concerto

und Sonate wurden übernommen. Die Vorliebe für das Ballett behielten die Franzosen aber über die Opern von Rameau bis zu Gluck und Mozart. In Italien dagegen wurde der französische Geschmack fast nicht adaptiert. Allerdings übernahmen italienische Musiker, die im Ausland wirkten, Elemente des französischen Geschmacks. Ein bekanntes Beispiel ist „Der Zauberwald", eine Ballettmusik von Francesco Geminiani, die dieser in London lebende Komponist wahrscheinlich für eine Pariser Aufführung schrieb.
In Deutschland wurden spätestens ab 1710 der italienische und der französische Geschmack übernommen und zunehmend miteinander vermischt. So entstand der so genannte vermischte Geschmack, den Quantz als den „deutschen Geschmack" bezeichnet.

8 *Wer ist in Deutschland der Hauptvertreter dieses Stilmix?*

Ganz sicher in erster Linie Georg Philipp Telemann. Auch Bach dachte und schrieb im vermischten deutschen Geschmack. Aber es gehörte auch zu seinem Konzept, die verschiedenen Stile nebeneinander zu stellen und damit eine Aussage zu machen.
Allerdings war er auch viel mehr als Telemann im „gearbeiteten" Stil der deutschen Orgel- und Kantorentradition zu Hause.

9 *Welche Stilarten wurden denn innerhalb der nationalen Grenzen praktiziert?*

Man unterschied in Italien, Frankreich, England und Deutschland sehr fein zwischen dem Kirchenstil, dem Kammerstil und dem theatralischen Stil.
Der Kirchenstil ist im Prinzip sehr kontrapunktisch gearbeitet und verzichtet weitgehend auf virtuose und theatralische Affekte. Der Kammerstil ist ähnlich kunstvoll gearbeitet wie der Kirchenstil, dabei aber virtuoser und konzertanter. Der theatralische Stil verzichtet auf kunstvolle Verarbeitung, sondern ist meist Affektdarstellung pur, vermischt mit der Zurschaustellung der virtuosen Fähigkeiten der Sänger und Musiker.

10 *Was ist der „gearbeitete" Stil?*

Dieser Begriff bezeichnet eine sehr stark kontrapunktische Schreibweise, die allen beteiligten Stimmen eine beinahe gleiche Beteiligung am motivisch-thematischen Geschehen zuweist. Er ist die Fortführung des strengen römischen Stils nach Palestrina. Daher wurde der gearbeitete Stil natürlich vornehmlich in der Kirchenmusik angewendet. Aber er ist ebenfalls in der Komposition von Sonaten und Concerti präsent. Auch in Frankreich hat Kirchenmusik einen relativ hohen Anteil an „gearbeiteten" Stücken. In der französischen Instrumentalmusik ist es vor allem der schnelle Teil der Ouverture, der traditionell in der Fugato-Technik geschrieben ist. Bach dehnte den gearbeiteten Stil auch auf die Setzart von Tanzsätzen aus, was an sich ein Paradox ist. In der Sarabande der h-Moll-Ouverture etwa bilden Oberstimme und Bassstimme einen strengen Kanon in der Quinte, während die zweite und dritte Stimme frei imitatorische Kontrapunkte darstellen. Die Vereinigung der Gegensätze – Kontrapunkt und Tanzmusik – könnte nicht kompromissloser dargestellt werden.

11 *Gab es im späten Barock nach dem vermischten Geschmack noch weitere stilistisch relevante Entwicklungen?*

Nach der weitgehenden Auflösung der nationalen Stile durch eine Art Europäisierung, also nach der Vermischung der Stile etwa ab 1730 kann man vor allem drei weitere Varianten wahrnehmen: den galanten Stil, den empfindsamen Stil und in einer Art Übertragung aus der Literatur den Stil des „Sturm und Drang".

12 *Können Sie die Merkmale dieser Stile kurz beschreiben?*

Der galante Stil ist gekennzeichnet durch teils sehr stark verzierte Oberstimmenführung bei gleichzeitig reiner Begleitfunktion des Basses. „Galant" wird im Sinne von „sehr entwickelt und kultiviert, von einer gewissen natürlichen Einfachheit bei gleich-

zeitig höchster Delikatesse“ benutzt. Typisch für den galanten Stil sind repetierende Trommelbässe, häufig nachschlagende Begleitbässe bei denen die betonten Taktzeiten fehlen, Triolenketten und lombardische Rhythmen in der Oberstimme und eine überbordende Ornamentik.
Der empfindsame Stil ist gekennzeichnet durch hohe Expressivität, ausgesprochen ausgeprägte Seufzermelodik mit vielen klagenden Vorhaltsbildungen und harmonischen Kühnheiten, einer deutlichen Abneigung gegen „Passagien“ und Motorik und einer Vorliebe für Affektwechsel auf knappem Raum. Der Prototyp des empfindsamen Stils ist das „Stabat mater“ von Pergolesi, das stilbildend sein sollte, und das selbst Bach etwa im „Et incarnatus“ der h-Moll-Messe imitiert.
Der „Sturm und Drang“ ist eine literarische Gattung, dessen Hauptwerk vielleicht Goethes „Werther“ ist. Eine Übertragung dieses Begriffs auf die Musik ist sehr fragwürdig. Dennoch hat es sich eingebürgert, besonders furiose Stücke mit hochexpressiver Harmonik und rasenden Passagen in den Oberstimmen mit diesem Begriff zu bezeichnen. Auf jeden Fall fällt der musikalische „Sturm und Drang“ mit der Zeit der „Originalgenies“ zusammen und ist ein sehr deutsches Phänomen. Seine Hauptvertreter sind die Söhne und Schüler Bachs. Aber auch Haydn und Mozart hinterließen Kompositionen, die man zu dieser Stilrichtung zählt.
Stücke, die den „Sturm und Drang“-Stil typisch repräsentieren, sind die Hamburger Streichersinfonien von Carl Philipp Emanuel Bach.

13 *Kann man diese Stile noch als „barock" bezeichnen?*

Einerseits gehören der galante, der empfindsame und der „Sturm-und Drang"-Stil eindeutig zum Generalbasszeitalter. Andererseits gibt es Elemente, die nicht mehr für das Barock zutreffen. Vor allem die idealtypische Darstellung der Affekte, also die Einheit des Affektes in einem Satz, wird in allen drei Stilen aufgehoben. Der schnelle Affektwechsel als Ausdruck von subjektiver und nicht idealtypischer Darstellung wird im empfindsamen Stil und im „Sturm und Drang" zum beherrschenden Prinzip erhoben. Der galante Stil will sogar die starke, barocke Darstellung von Affekt zugunsten einer Glättung und Kultivierung des Ausdruckes vermeiden. Dafür steht die raffinierte und fast übermäßige Ornamentierung der Oberstimme im Vordergrund. Diese drei Stilarten stellen wohl ein Stadium zwischen Barock und Klassik dar.

14 *Gab es im späten Barock denn noch weitere definierte Stile?*

Ein seit dem frühen 17. Jahrhundert traditioneller Stil, der im 18. Jahrhundert vor allem von den italienischen Violinvirtuosen Locatelli und Veracini kultiviert wurde und über Bach und seine Söhne weiter getragen wurde ist der „stylus fantasticus". Er ist gekennzeichnet durch dramatische Modulati-

onen, extreme Chromatik, bizarre Figuren, rasende Läufe und höchste Expressivität. Er bildet so etwas wie eine ultimative Verdichtung barocker Affektdarstellung.
Kontrapunktische Episoden wechseln sich mit den fantastischen Abschnitten ab. Bei den Italienern bildet er im Spätbarock einen eklatanten Gegensatz zum singenden und ornamentierenden theatralischen Stil, der ja auch die Darstellung der Affekte zum Hauptprinzip hat. Quantz sagt, in diesem Stil „findet man mehr Frechheit und verworrene Gedanken, als Bescheidenheit, Vernunft, und Ordnung". „Bescheidenheit, Vernunft und Ordnung" stehen für die Ideen der Aufklärung und „Frechheit und verworrene Gedanken" stehen für den bis zur Verzerrung übertreibenden Aspekt des Barock. Die eindrucksvollsten Beispiele für den stylus fantasticus im Spätbarock findet man bei Johann Sebastian Bach. Eines der bedeutendsten Beispiele ist sicher die Chromatische Fantasie. Dieses Stück wirkt andererseits wie eine frühe Form des „Sturm und Drang". Vielleicht könnte man sagen, dass der „Sturm und Drang" in gewissem Sinne eine Art Fortsetzung des barocken stylus fantasticus ist.
In der Kirchenmusik und in gelehrten Kreisen wurde auch weiter der strenge kontrapunktische Stil im Sinne Palestrinas gepflegt. Man nannte das den „stile antico". Wenn man z.B. als Mitglied der Accademia Filharmonica des Padre Martini in Bologna vorgeschlagen wurde, musste man als Probestück eine liturgische Komposition im stile antico ohne jede schmückende Note schreiben. In der Bibliothek des

Konservatoriums Bologna kann man das Probestück des jungen Mozart sehen, der für diesen Anlass eine etwas zu freie Art des Kontrapunktes schrieb, die Padre Martini dann stillschweigend verbesserte. Die Beherrschung des stile antico ließ ab 1740 allgemein rapide nach. Quantz wünschte sich, dass die „neuangehenden Componisten sich mehr, als itziger Zeit leider geschieht, befleißigen, nebst ihrem vermischten Geschmacke, die Regeln der Setzkunst, so wie ihre Vorfahren, gründlich zu erlernen". Zunehmend sahen es viele Komponisten der Bach-Söhne-Generation als ihren persönlichen Makel an, dass sie den strengen Stil nicht mehr beherrschten, so etwa Franz Benda, der berühmte Geiger Friedrichs des Großen. Selbst ein Genie wie Schubert litt darunter, dass er im strengen Satz nicht zu Hause war und nahm als genialer und arrivierter Komponist noch Unterricht bei dem Kontrapunktlehrer Albrechtsberger.

15 *Wie sieht es mit stilistischen Einflüssen von Bereichen außerhalb der europäischen Kunstmusik aus?*

Ab 1700 etwa beobachtet man in Italien und Frankreich ein zunehmendes Interesse an außereuropäischen Kulturen, an „primitiven" Gesellschaften und an exotischen, untergegangenen Völkern und deren Lebensweise. Die Vorstellungen zu diesem Themenkreis waren allerdings mehr phantastisch als realistisch oder gar authentisch. Der „Exotismus" war letztlich nur eine Mode. Diese Mode aber fand ihren Widerhall in Opernstoffen (z.B. Händel: Tamerlano,

Rameau: Les Indes galantes, Friedrich II./Graun: Moctezuma). Bei dieser Mode kann man jedoch nicht von Stil reden, weil die Musiksprache durch die exotischen Stoffe nicht wirklich beeinflusst wurde.
Anders sieht es mit Einflüssen aus der Volksmusik aus. Die Musik und Kultur der Bauern wurde schon im 17. Jahrhundert z.B. von Biber thematisiert. Die derbe Musik der oberitalienischen „Piffari" (Hirtenmusikern mit Schalmei und Dudelsack) wurde zum Beispiel von Vivaldi in seinen Concerti imitiert. Die Schäfermode in Frankreich produzierte viele Charakterstücke als „airs champêtres" (ländliche airs), häufig im Bordunstil mit sehr sparsamer Harmonik, in Rondeau-Form, mit der Idiomatik von ländlichen Instrumenten wie vielle (Drehleier) und musette (Dudelsack). Überhaupt gibt es aus Frankreich eine unübersehbare Fülle von Musik für imaginierte „Fêtes rustiques" (Bauernfeste) u.ä. für vielle und musette. Selbst Bach thematisiert die Bauernmusik in seiner Bauernkantate „Mer han en neue Oberkeet".
Wirklich bedeutsam aber ist Telemanns Beitrag zu diesem Thema. In seinen drei Jahren in Sorau in Polen lernte er die polnische Volksmusik von „Bierfiedlern" (Wirtshausgeigern) und „Sackpfeifern" (Dudelsackspielern) kennen. Und er lernte sie auch „in ihrer barbarischen Schönheit" schätzen, wie er in seiner Autobiographie schreibt. Wieder zurück in Deutschland entwickelt er einen Stil, der die rhythmischen, motorischen, melodischen und klanglichen Charakteristika dieser Musik wiedergibt. Er selbst stellt den „hanakischen" Stil ganz selbstverständlich

neben den italienischen und den französischen Stil, und man muss ihm Recht geben: hier ist aus der polnischen Volksmusik ein neues Stilelement der europäischen Kunstmusik entstanden.
In der Folge war die Auseinandersetzung mit österreichischer und östlicher Volksmusik ein wesentlicher Bestand bei der Ausprägung des klassischen Stils. Die Werke Haydns, Mozarts, Beethovens und ihrer Zeitgenossen sind gekennzeichnet durch die Integration von Ländler, Polka, Walzer, Kontretänzen und anderen Formen aus der Volksmusik.

Tempo und Takt

1 *Welche sicheren Auskünfte gibt es aus zeitgenössischen Quellen zum Thema Tempo?*

Einerseits gibt es viele interessante Angaben zur exakten Dauer von bestimmten Stücken.
Beispielweise gibt es von Händel autographe Angaben über die Dauer der einzelnen Akte von Salomon und Judas Makkabaeus.
Dann gibt es über einen Zeitraum von mehr als 70 Jahren bei etlichen französischen Autoren Anweisungen über genaue Tempi von bestimmten Stücken mittels eines „Chronomètre", einer frühen Form des Metronoms.
Nicht zuletzt gibt es von vielen Autoren exakte Anweisungen zum Tempo durch Verweis auf den Herzschlag. Der Puls wird in diesen Systemen als Grundlage für Umrechnungen zu den verschiedensten Tempi genommen.

2 *Sind diese Auskünfte ähnlich sicher, wie die exakten Metronomangaben des 19. Jahrhunderts?*

Exakt im naturwissenschaftlichen Sinne sind Tempoangaben vor der allgemeinen Einführung des Metronoms nicht, mit Ausnahme der „Chronomètre"-Angaben. Aber es herrschten doch vor allem über die Tempi der Tanzsätze weitgehend ähnliche Auffassungen und ebenso über die Relation der verschiedenen Tempoangaben, so dass man durchaus von sicherem Wissen über Fragen des Tempos im späten 17. und 18. Jahrhundert sprechen kann. Man muss bedenken, dass ja auch Beethovens oder Schumanns „exakte“ Metronomangaben in Zweifel gezogen werden, obwohl ein Metronom ja eigentlich nicht irren kann.

3 *Wie wurde denn das Grundtempo bestimmt?*

Der Puls wurde seit Mersenne (Harmonie Universelle, Paris 1636/37) zur Richtschnur genommen. In der „klassischen“ französischen Musik unter Louis XIV. war dieser Puls etwa 60 MM und auch in der Zeit um 1750 galt in Frankreich etwa 60 MM noch immer als Pulstempo. Quantz dagegen gab in seinem „Versuch“ den Puls mit 80 MM an.

4 *Woher weiß man das?*

Bei der französischen Musik weiß man es vor allem durch die Angaben zum „Chronomètre“. Es gibt viele konkrete Tempoangaben zu einzelnen Stücken mittels des „Chronomètre“.
Etliche Autoren setzen einen Pulsschlag auch mit einer Sekunde gleich und definieren dann die Taktlänge und damit das Tempo mit Sekundenangaben.
Für die Zeit von 1750 und den vermischten Stil weiß man über Fragen des Tempos vor allem von Quantz, der sagt: „Man setze denjenigen Puls, welcher in

einer Minute ohngefaehr achtzigmal schlaegt, zur Richtschnur." (Versuch XVII, VII, §55).

5 *Können Sie den „Chronomètre" kurz beschreiben?*

Etienne Loulié veröffentlichte 1696 einen Traktat „Elements ou principes de musique, mis dans un nouvel ordre" (Elemente oder Prinzipien der Musik, in eine neue Ordnung gesetzt). Er erklärt dort die Taktarten und deren Tempo und Charakter. In dieser Schrift erklärt er auch den von ihm erfundenen „Chronomètre", das ist ein Pendel in Form einer Latte, auf der eine Längeneinheit aufgezeichnet ist (1 „Pied" (Fuß) ist unterteilt in 12 „Pouces" (Daumen)). Wenn man dann dieses Pendel auf eine bestimmte Einheit ganz ähnlich wie ein Metronom oder eine Pendeluhr einstellt, dann kann man aus der Pendelbewegung genau das Tempo ablesen. Nach der Erklärung des „Chronomètre" notiert Loulié die Anfänge einer viersätzigen Sonate (langsam-schnell-langsam-schnell) jeweils mit einer Anweisung, wie man den „Chronomètre" einstellen soll. Dieser Satzfolge liegt, wenn man die „Chronomètre"-Angaben in Metronomzahlen umrechnet, der Puls von etwa 60 MM zugrunde. Dieses frühe Metronom wird auch von anderen Autoren zitiert, z.B. von Joseph Sauveur (Principes d'acoustique et de musique, Paris 1701). Ganz besonders interessant sind die „Principes très faciles pour bien apprendre la musique" (Sehr leichte Prinzipien um die Musik gut zu lernen), die Michel L'Affilard 1705 in Paris veröffentlichte. In diesem Buch sind eine große Zahl von Vokal- und Instrumentalstücken notiert, mit genauen Tempoanweisungen durch den „Chronomètre". Hier soll und kann man also ganz praktisch ein Gefühl für das „richtige" Tempo einüben.

6 *Wie wurde denn sonst in Frankreich das Tempo generell angezeigt?*

Generell wurde das Tempo durch die Taktvorzeichnung bestimmt. Die Takt-Signatur unterlag einer allgemein akzeptierten Proportion, so dass man ziemlich genau aus dem „Signe de mesure" (Taktzeichen) das Tempo ablesen konnte, wenn man vom Puls als Grundlage ausgeht.

7 *Können Sie die Taktzeichen kurz erklären?*

Die geraden Takte werden eingeteilt in den Majeur = C, den Mineur = durchgestrichenes C (C-barrée) und den Binaire = 2.

Der Majeur (C) ist in vier schweren Zeiten (à quatre temps graves), also langsam, Viertel ≈ 60 MM.
Der Mineur (C-barré) steht meist für ein Tempo „léger", also ein mittleres Tempo, Halbe etwa 90 MM.
Der Binaire (2) ist in zwei schnellen Zeiten (à deux temps vite), also schnell, Halbe ≈ 120 MM.

(Manchmal wird auch der C-barré Takt mit dem Takt „à deux temps vite“ gleichgesetzt.)

Die ungeraden Takte werden eingeteilt in den Triple simple = 3 (auch 3/4), den Triple double 3/2 und den Triple mineur = 3/8.
Der Triple double (3/2) steht für ein langsames Tempo (à trois temps graves), Halbe ≈ 60 MM.
Der Triple simple steht für ein schnelles Tempo (vîte), Viertel ≈ 120 MM, oder auch für ein mittleres Tempo (léger), Viertel ≈ 90 MM. Verschiedene Quellen machen einen Unterschied zwischen 3 und 3/4. Manchmal steht eines der beiden Zeichen für ein „léger“ und das andere für „vite“.
Der Triple mineur ist auf jeden Fall schneller als der Triple simple. Er steht für ein mittleres Tempo (léger), punktierte Viertel, also ganzer Takt ≈ 90 MM, oder auch für ein schnelles Tempo (vite), punktierte Viertel ≈ 120 MM.

8 *Sind diese Taktzeichen eindeutig?*

Leider nein. Es gibt viele Abweichungen und bei den verschiedenen Autoren auch teils deutlich abweichende Auskünfte. Im Prinzip aber gelten vor allem für die geraden Takte diese Regeln. Bei den Dreiertakten gilt tendenziell, dass sie schneller sind als die geraden Taktarten, aber auch, dass sie sich in einer bestimmten Form auf den Puls beziehen.

9 *Was ist mit den übrigen Taktarten?*

Die übrigen Taktarten sind vor allem die „mesures composées“ 6/4, 6/8, 9/8, 12/8 und 12/16. Sie werden in Gruppen von Zählzeiten geschlagen. Je größer der Nenner, desto langsamer das Tempo. Der 6/4-etwa wird für die französische Courante verwendet und geht in langsamen halben Noten. Der 12/16-Takt wird auf vier gezählt und ist rasend schnell. Es gibt noch eine sehr schnelle gerade Taktart, den 4/8-Takt. Diese Taktart wird als ganzer Takt im schnellen Tempo, also 120 MM, geschlagen.

10 *Können Sie das noch einmal ganz kurz zusammenfassen?*

Es gibt ein langsames Tempo (lent oder grave), bei dem der Schlag etwa eine Sekunde dauert, also MM ≈ 60.
Es gibt ein schnelles Tempo (vîte), bei dem der Schlag etwa eine halbe Sekunde dauert, MM ≈ 120.
Und es gibt ein mittleres Tempo (léger), bei dem der Schlag zwischen diesen beiden Tempi liegt, MM ≈ 90.
Allerdings können die verschiedenen Taktarten in den verschiedenen Satztypen teils auch sowohl schnell als auch langsam gemeint sein. Das erschließt sich dann aus zusätzlichen verbalen Tempoanweisungen.

11 *Wie wird denn von den französischen Autoren dieses Takt- und Temposystem bei den Tanzarten konkretisiert?*

Das kann man leider pauschal nicht sagen. Es gibt zu den verschiedenen Zeiten in Frankreich auch verschiedene Auffassungen und Traditionen. Beispielsweise sind die Vorstellungen von Tempo und Tanzsätzen zu Lebzeiten von Lully teilweise ganz erheblich anders als in der späten französischen Zeit ab 1725.

Aber doch lässt sich generell folgendes sagen:
– dem langsamen geraden Takt (à deux temps graves) sind zugeordnet: Ouverture (langsamer Teil), Allemande, Gavotte (langsamer Typ)
– dem schnellen geraden Takt (à deux temps léger) sind zugeordnet: Bourrée, Rigaudon, Gavotte (schneller Typ), Tambourin
– dem langsamen ungeraden Takt (à trois temps graves) sind zugeordnet:
Courante, Sarabande, Loure, Passacaille
– dem mittleren ungeraden Takt (à trois temps légers) sind zugeordnet:
Chaconne, Musette, Gigue
– dem schnellen ungeraden Takt (à trois temps vite) sind zugeordnet: Menuett, Passepied, Canarie

Bei dieser Aufzählung sind aber spezielle Formen nicht berücksichtigt. Die Gigue beispielsweise kann im langsamen Tempo, im mittleren Tempo und auch im schnellen Tempo sein. Die Textur der Komposition sieht dann unter Umständen ganz erheblich unterschiedlich aus. Auch die Allemande kommt nicht nur in einem langsamen, sondern auch in einem sehr schnellen Typ vor. Ähnliches gilt auch für andere Tänze. Diese Aufzählung gibt also nur einen Durchschnitt der Takt- und Tempodisposition der Tanzsätze an.

12 *Wozu wurden denn in Frankreich noch zusätzliche Tempoanweisungen gebraucht?*

Tempoanweisungen sind zusätzliche Hilfen zu den „signes de mesure“. Vor allem die zusammengesetzten Taktarten sind in Bezug auf das Tempo oft nicht eindeutig definiert. Da helfen dann Anweisungen wie Lentement, Gravement für das langsame Tempo, Légerement für das mittlere Tempo, Vif, Gayment oder Vîte für das schnelle Tempo und Très vîte für ein noch schnelleres Tempo. Diese zusätzlichen Anweisungen nahmen immer mehr zu, je mehr die Tradition der französischen Tänze und der Suite in der Instrumentalmusik nachließ und italienische Einflüsse zunahmen.

13 *Hat Quantz in die Tempodiskussion neue Aspekte eingebracht?*

Nicht im eigentlichen Sinn. Er definiert den Puls schneller als die Franzosen und sagt zu älterer Musik pauschal: „Was in vorigen Zeiten recht geschwind gehen sollte, wurde fast noch einmal so langsam gespielet als heutigen Tages.“ Er zitiert auch Loulié und seinen „Chronomètre“, sagt aber, die Methode der Tempodefinition durch den Puls sei viel praktischer. Im Übrigen ist sein System besonders wertvoll im Hinblick auf die Tempodefinition von italienisch orientierter Sonaten- und Concertomusik.

14 *Können Sie das Temposystem von Quantz kurz beschreiben?*

Im Prinzip unterscheidet er fünf verschiedene Tempokategorien.
Das Allegretto hat den Pulsschlag als Tempo, also 80 MM.
Das Allegro assai hat den doppelten Pulsschlag, also 160 MM.
Das Adagio cantabile hat den halben Pulsschlag, also 40 MM.
Das Adagio assai hat den viertel Pulsschlag, also 20 MM.
Das „normale“ Concerto Tempo, Allegro, hat den eineinhalbfachen Pulsschlag, also 120 MM.

Für die Bezeichnungen dieser fünf Tempoklassen benutzt Quantz auch bedeutungsgleiche Begriffe:
Allegretto auch: Allegro man non presto, non tanto, non troppo, moderato
Allegro assai auch: Allegro di molto, Presto
Adagio cantabile auch: Cantabile, Arioso, Larghetto, Soave, Dolce, Poco andante, Affettuoso, Pomposo, Maestoso, alla Siciliana, Adagio spiritoso

Adagio assai auch: Adagio pesante, Largo assai, Lento, Mesto, Grave
Allegro auch: Poco allegro, Vivace

15 *Sind diese Tempi für Quantz wirklich genau festgelegt?*

Quantz selbst sagt, das der Pulsschlag bei unterschiedlichen Charakteren durchaus abweichen kann und auch vom Affekt abhängt. Er hält es in diesem Sinne für angebracht, dass der Puls von 75 MM bis 85 MM variieren kann. Einerseits ist dadurch die prinzipielle Relation zum Puls aufrecht erhalten. Andererseits gibt es genügend Spielraum für Modifikationen des Ausdrucks. Den Puls als Tempokontrolle ganz zu verlassen, hält er jedoch für geschmacklose Willkür. Aber dass ein bestimmtes Stück bei unterschiedlichen Gelegenheiten oder von unterschiedlichen Musikern in unterschiedlichen Tempi genommen wird, um andere Aspekte des Hauptaffektes zu deutlich zu machen, hält er für sehr interessant und wünschenswert.

16 *Wie überträgt Quantz denn sein System der Temporelation auf die Taktarten?*

In den geraden Taktarten unterscheidet er zwischen dem einfachen Vierertakt und dem alla-breve-Takt. Dieser ist nach seinem System einfach doppelt so schnell.

Der Puls kommt im Allegro auf die Viertel, im Allegro assai auf die Halben, im Adagio auf die Achtel, im Adagio assai auf die Sechzehntel und im „Concerto-Allegro“ kommt der Puls auf drei Achtel (6 Achtel = 2 Pulsschläge, Viertel = 120 MM).
Im alla-breve-Takt ist das System identisch, wobei alle Notenwerte eine Stufe „niedriger“ notiert werden.

Beim Allegro in den Dreiertakten muss man zunächst schauen, ob das Tempo sehr schnell oder eher moderat sein soll. Man sieht das an den schnellsten vorkommenden Notenwerten.
Wenn es im 3/4-Takt Sechzehntel oder Achteltriolen als schnellste Noten gibt, dann ist es das moderate Tempo: Viertel = 160 MM.
Kommen aber nur Achtel als schnellste Noten vor, dann ist es das sehr schnelle Tempo: ganzer Takt = 80 MM.
Das Presto ist dann noch einmal etwas schneller als das schnelle Allegro-Tempo.
Dieses System der verschiedenen Tempi im 3/4 Takt gilt ebenfalls im 3/8-Takt mit entsprechend geänderten Notenwerten.
Das Adagio-Tempo im Dreier-Takt kann ähnlich wie im Allegro entweder etwas fließender oder auch sehr langsam sein. Welches Tempo angesagt ist, sieht man an den Notenwerten der Basslinie.
Geht der Bass in Achteln, dann ist das Tempo Viertel = 40 MM.
Geht der Bass ist Vierteln, dann ist das Tempo Viertel = 80 MM.

Auch der Affekt ist ein wichtiges Kriterium dafür, ob der Puls auf Viertel oder Achtel kommt. Ebenfalls die Tempobezeichnungen (Adagio assai, Adagio cantabile, lento, mesto usw.).
In den zusammengesetzten Taktarten 6/8, 9/8, 12/8 kann das Tempo auch schneller als der Puls sein, wenn die Struktur der Passagien entsprechend aussieht.

17 *Die Tempi, die Quantz angibt, sind ja teilweise rasend schnell, selbst wenn man „nur“ 75 MM als Puls annimmt. Dafür gibt ja Quantz auf der anderen Seite auch 85 MM als Puls an. Das bedeutet im Presto: Viertel = 170 MM. Und das ist ja sicher, zumindest bei artikulierten Sechzehnteln, an der absoluten Spielbarkeitsgrenze. Halten Sie das für realistisch?*

Quantz betont ja immer wieder, dass ältere Musik viel langsamer gespielt wurde. Er betont auch, dass in verschiedenen Akustiken verschieden schnell gespielt werden muss. Er betont auch immer wieder, dass etwa in der Kirche langsamer gespielt werden muss. Er sagt auch, dass die französische Musik langsamer gespielt wird. Es gibt also sehr viele Ausnahmen von diesem seinem sehr schnellen Temposystem. Aber es gibt keinen ernst zu nehmenden Hinweis darauf, dass Quantz’ Tempi im Hinblick auf konzertierend-virtuose Kammermusik seiner Zeit überzogen wäre. Auch von Bach heißt es in allen Quellen, dass er sehr schnell gespielt habe. Auch die Dresdener Virtuosen werden immer wieder wegen ihrer sehr schnellen Tempi zitiert. Ebenso die italienischen Geigenvirtuosen. Man muss davon ausgehen, dass die Tempovorschläge von Quantz, einem Musiker mit jahrzehntelanger Praxis in den Spitzenensembles Dresden und Berlin, der die Musik und die Musiker ganz Europas kannte, zumindest für die virtuos-konzertierende Musik ab 1740 zutreffend ist.

18 *Kann man als Musiker mit diesen komplizierten und meist ja auch nicht eindeutigen Regeln in der Praxis wirklich etwas anfangen?*

Das Wissen, dass der Puls für die verschiedenen Tempi die Referenznorm ist, ist für die Interpretation von allerhöchster Bedeutung.
Wenn man sich bewusst ist, dass es in der französischen Tanzmusik prinzipiell die drei Tempi langsam, schnell und mittel gibt und wenn man die relativ wenigen Zuordnungen der Satztypen zu diesen Grundtempi kennt, dann hat man schon einen sehr sicheren Rahmen.
Wenn man zum zweiten weiß, dass Quantz sein Temposystem ebenfalls auf dem Puls aufbaut und dass er die vier Kategorien Allegretto, Adagio, Presto und Allegro dem vollen, dem halben, dem doppelten und dem eineinhalbfachen Puls zuordnet, dann hat man für die Musik aus Deutschland für die Zeit Bachs und Telemanns ebenfalls einen sicheren Rahmen.
Dann muss man noch wissen, dass der Puls in Frankreich auf 60/Min angesetzt wird und dass Quantz ei-

nen schnelleren Puls von etwa 80/Min angibt.
Mit diesen wenigen Regeln lassen sich grundsätzliche Tempofragen praktisch bis zu einem gewissen Punkt beantworten.
Allerdings spielen letztlich der Charakter, der Affekt und der Ausdruck der Musik, der Geschmack und das Temperament des Musikers und die Akustik, die Größe und Atmosphäre des Raumes bei der exakten Tempowahl die entscheidende Rolle.
Und genau diese Faktoren bringt auch schon Quantz bei der Tempodiskussion als mitentscheidende Maßstäbe ins Spiel.

Ornamente

1 *Warum wurde in der Musik des Barock, speziell im Hoch- und Spätbarock der Ornamentik eine so große Rolle zugestanden?*

Diese Frage erhielt in den Quellen von Hotteterre über Tartini und Quantz immer dieselbe Antwort: sie dienen dem Ausdruck und sind für perfektes Spiel unbedingt notwendig.

2 *Diese Antwort ist aber mehr eine Beschreibung der Praxis. Könnten Sie sich vorstellen, warum beim Wandel vom polyphonen zum homophonen Concertostil das Ornament so wichtig wurde?*

Sicher hat es damit zu tun, dass der Fokus der Aufmerksamkeit nach dem Stilwandel von der Polyphonie zur Monodie auf der Oberstimme lag und auf deren Gestaltung. Die kontrapunktische Struktur trat zurück gegenüber der Individualität der konzertierenden Stimme. Damit hatte der Konzertist mehr Freiheit, aber auch mehr Notwendigkeit zu individueller Ornamentierung. Sicher hängt es auch damit zusammen, dass im 17. Jahrhundert die reine Instrumentalmusik einen immer stärkeren Anteil annahm. Die im Verhältnis zum Singen größere Ausdrucksarmut der Instrumente sollte durch Flexibilität, Virtuosität und Variabilität in der Ornamentierung ausgeglichen werden.

3 *Ist Ornamentierung denn eine „barocke“ Erfindung?*

Auf keinen Fall. Die Praxis der Diminution, also die improvisierte Variation von bestehenden Melodien ist sicher uralt. Sie ist spätestens dokumentiert als eine typische Praxis des 16. Jahrhunderts, die in vielen Büchern für verschiedene Instrumente gelehrt wurde. (Ortiz, Tomas de Santa Maria, Virgiliano)

4 *Was bedeutet denn Diminution?*

Der Begriff kommt von diminuere = verkleinern. Die langen Noten einer vorher schon bekannten Melodie, eines „cantus firmus“, werden mit vielen kleinen Noten zu einer Diminution verbunden.

5 *Ist das die Verzierungspraxis, die auch im Hoch- und Spätbarock dominierte?*

Im Hoch- und Spätbarock gab es zwei verschiedene Arten der Verzierung, nämlich die französischen Ornamente und die freien, diminutionsartigen italienischen Verzierungen.
Die Diminutionspraxis war typisch für das 16. Jahrhundert und das Frühbarock. Sie fand ihre Fortsetzung in den freien, und bis etwa 1720 kaum notierten Auszierungen, die Quantz die „willkürlichen Manieren“ nannte. Ein allgemein gebräuchlicher Begriff für die freie italienische Art, eine Stimme zu

verzieren, war auch „Methode". Ein Virtuose etwa hatte seine eigene „Methode", also seine spezielle Art zu verzieren.

In Frankreich dagegen wurden Umspielungen der Hauptnoten mit standardisierten Ornamenten als Verzierungspraxis bevorzugt. Diese Verzierungen nannte Quantz die „wesentlichen Manieren" (auch „französische Propretäten"). Eine solche Art der Verzierung, also mit Trillern und Vorhalten in allen möglichen Kombinationen die Melodiestimme anzureichern, wurde selbstverständlich in Italien auch praktiziert, aber doch in Frankreich extrem kultiviert.

Insgesamt sieht man heute und allgemein auch im 18. Jahrhundert die „wesentlichen Manieren" als die französische Verzierungsart an, die „willkürlichen Verzierungen" aber als die italienischen.

6 *Wurden denn in Frankreich auch „willkürliche Manieren" praktiziert?*

Auf jeden Fall. Viele Komponisten demonstrieren diese Art der freien Verzierung auch in Doubles, also in „willkürlichen" Variationsfassungen eines nur „wesentlich" verzierten Stückes. Aber die „wesentlichen Manieren" überwogen in Frankreich doch bei weitem.

7 *Wie könnte man generell die „wesentlichen" und die „willkürlichen Manieren" beschreiben?*

Im Prinzip gestalten die französischen Verzierungen die notierten Töne der Oberstimme durch „agréments“, also Zutaten. Die Noten der Stimme bleiben in aller Regel erhalten und werden durch zusätzliche kleine Noten interessanter und raffinierter gemacht. Die wesentlichen, also französischen Verzierungen sind Triller von oben und nach unten und deren Kombinationen, Vorhalte von oben und von unten und Gestaltungen des Tones durch Dynamik und „Vibrato“, und in geringem Maße durch Veränderungen des „timings“.
Die italienischen, also „willkürlichen“ Manieren verbinden wie in der alten Diminutionspraxis Intervalltöne miteinander. In einer einfachen Form werden Intervalle mit den dazwischen liegenden Noten ausgefüllt. In einer weiter entwickelten Form sind diese Verbindungen so phantasievoll und frei, dass die ursprünglichen Melodietöne nicht mehr unbedingt die Zentralpunkte der Verzierung bilden. Auch der Rhythmus der ursprünglichen Melodie wird oft stark verändert. Wie man am Beispiel der Corelli-Sonaten im Original von 1700 und der gedruckten verzierten Fassung von 1710 sehen kann, ist das Original eigentlich nur eine notierte Struktur für das, was tatsächlich klingen soll.

8 *Wie kommt es vielleicht, dass gerade in Frankreich die wesentlichen Manieren so bevorzugt wurden?*

In Frankreich war Repräsentation durch Musik ein ästhetisches Hauptanliegen. Das Ballett, als theatralische Darstellung von idealtypischen Strukturen, und seine instrumentale Form, die Suite, verlangten klare und eindeutige Aussagen. Daher sind Klarheit (clarté), Deutlichkeit (netteté) und Sauberkeit (propreté) des künstlerischen Ausdrucks im französischen Barock immer zentrale Faktoren gewesen. Diese bestimmenden Begriffe werden auch in deutschen Traktaten von Quantz, Carl Philipp Emanuel Bach und vielen anderen immer wieder genannt. In ihren Übersetzungen heißt es, das Spiel müsse klar, deutlich und „reinlich" sein. Durch die französischen Verzierungen wird die Melodiestimme eigentlich nicht verändert, also „verunklart". Sie wird angereichert mit gleichsam würzenden Tönen (agréments auch: Gewürze). Dadurch werden harmonische, rhythmische und metrische Strukturen des „einfachen Gesanges" noch klarer und deutlicher. Oft wird diese Praxis mit einer raffiniert zubereiteten Speise verglichen, die durch die Zutaten erst ihr volles Aroma entfaltet.

9 *Und warum wohl wurden die freien „willkürlichen" Manieren in Italien bevorzugt?*

Einerseits hat das sicher mit der langen Tradition der Diminutionspraxis zu tun.
Andererseits war Improvisation von Anfang an in der italienischen Barockmusik verknüpft mit dem Virtuosentum von Sängern und Instrumentalisten. Die Freiheit der Ausführung gestattete dem Virtuosen, seine Kunst in Szene zu setzen. Daher musste

die Komposition so sein, dass freie und virtuose Gestaltung in bestimmten Teilen möglich, ja notwendig war. Die schnellen, strengen Sätze in einer Sonata da chiesa etwa wurden kaum verziert. Die langsamen Sätze dagegen sind oft so rudimentär notiert, dass der Spieler hier perfekte Bedingungen für seine frei verzierte Fassung hatte. Die freie Verzierung wurde zum Markenzeichen eines Virtuosen, seine „Methode" war Gegenstand des Interesses der Hörer und wesentlicher Faktor zur Beurteilung seines Könnens. Bekannt ist, dass Starsängerinnen und –sänger die Komponisten zwangen, so zu schreiben, dass sie ihre Verzierungskunst bestens inszenieren konnten. Sicher hängt die Vorliebe für die freie Verzierungskunst in Italien in einem übergeordneten Sinne auch damit zusammen, dass das italienische Barock das „chiaroscuro" liebte, was Quantz mit „Licht und Schatten" bezeichnet. In der Kunst sollte nicht nur Klarheit und Helligkeit herrschen, sondern auch Dunkles, Unvorhergesehenes, Geheimnisvolles, Individuelles. Diesem „Licht und Schatten" –Ideal wurde in der Kunst- und Musikrezeption in der ersten Hälfte des 18. Jahrhunderts vielfach der Vorzug vor dem immer Klaren der französischen Ästhetik gegeben. Das „oscuro", das Dunkel, nahm aber in der musikalischen Verzierungskunst nach Corelli derart extreme Formen an, dass in der Mitte des 18. Jahrhunderts die italienische Musik durch „einen überhäuften Zusatze der willkührlichen Auszierungen... in der Setzkunst (= Komposition), besonders aber auf ihren Instrumenten..." (Quantz) vielfach als übertrieben und abwegig angesehen wurde.

Quantz schreibt, dass durch diese übermäßige Art der Auszierung der Oberstimme „endlich aus einem gründlichen, ein frecher und bizarrer Geschmack entstanden ist".

10 *Wie wurde Verzieren gelehrt?*

Verzieren wurde ganz sicher in erster Linie im Unterricht gelehrt, der in der Regel täglich stattfand. Instrumentalunterricht war ja im Barock viel weiter gefasst als heute und umfasste auch Satzlehre, Komposition, Improvisation und eben Verzierung und Variation. Noch Clara Schumann wurde in dieser Tradition eines kompletten Musikunterrichts am Instrument erzogen.

11 *Was bieten uns die schriftlichen Quellen zum Thema Verzierung?*

Alle Instrumentalschulen und auch viele Sammlungen von Kompositionen vor allem aus Frankreich bringen am Anfang eine „explication des agréments", also eine Erklärung der Verzierungen. Das hängt natürlich in erster Linie damit zusammen, dass die französischen Verzierungen als Symbole notiert wurden. Man stelle sich das folgendermaßen vor: die französischen Musiker Couperin, Hotteterre, Philidor, Forqueray, Rebel spielten beinahe täglich zusammen ihre eigenen Stücke. Irgendwann beschlossen sie, diese Stücke im Druck herauszugeben.

Nun standen sie vor der Frage, ob sie entweder ihre Verzierungen notieren oder nicht notieren sollten. Wenn sie die Verzierungen notieren wollten, mussten sie Zeichen für die einzelnen Verzierungen erfinden, die sie über die Noten setzten, weil es eine gültige, allgemeine Tradition der Notierung noch nicht gab. Diese Zeichen wurden dann in einer Erklärung, einem „avertissement" (Anweisung) beschrieben. Auch Bach hat noch so verfahren in seinem „Clavierbüchlein für Wilhelm Friedemann Bach". Daher kommt es auch, dass so viele verschiedene Symbole für dieselbe Verzierung existieren.

12 *Kann man denn heute wirklich diesen „Geschmack" durch die Quellen lernen?*

Das kann man sicher nicht eindeutig beantworten. Aber es gibt zum Beispiel von Hotteterre zwei Editionen seiner „Pièces pour la flûte Traversière avec la baße" op. II. Der erste Druck von 1709 ist nur sehr sparsam mit Verzierungen bezeichnet. Die „Nouvelle édition" (Neuausgabe) von 1715 ist dann komplett verziert. Zusätzlich gibt es ein ausführliches Avertissement in Wort und Notenbeispielen. Wenn man diese beiden Fassungen immer wieder hintereinander spielt, bekommt man ein Gespür für den exemplarischen Charakter der Verzierungen. Hotteterre sagt auch, dass seine verzierte Fassung von 1715 nicht nur für diese Stücke op. II nützlich sei, sondern für französische Musik und deren Stil überhaupt. Man solle die Stücke oft spielen, dann bekomme man ein

Gefühl für den Stil. So also konnten seine Schüler und die musikinteressierte und –praktizierende Öffentlichkeit den „Goût“ erlernen und auf andere Stücke übertragen. Hotteterre hat noch etliche wertvolle pädagogische Werke veröffentlicht, die zur Erlernung des französischen Stils sehr instruktiv sind. In seinen „Airs et Brunettes“ von 1722/23 etwa gibt es etliche, sehr elaborierte Beispiele, wie man Doubles von vorliegenden „Airs“ machen kann. Diese Doubles sind eine Schritt-für-Schritt-Methode zur Erlernung der französischen Manieren.

13 *Gibt es ähnlich praktische Quellen denn auch für die Erlernung der „willkürlichen Manieren“?*

Sehr lehrreich sind die genannten Verzierungsnotationen der Sonaten von Corelli. Von diesen berühmten Sonaten sind auch weitere Auszierungsformen erhalten, u.a. eine hochbedeutsame Fassung des schwedischen Komponisten Johan Helmich Roman.
Für den galanten Stil sind ganz besonders bedeutsam die sechs „Sonate metodiche“ (Methodische Sonaten) von Georg Philipp Telemann und deren „Continuation“ (Fortsetzung) mit weiteren sechs Sonaten für Traverso/Violine und Basso continuo. Telemann notiert die langsamen ersten Sätze der Sonaten sowohl in der unverzierten Fassung und in einer verzierten Fassung übereinander. Hier kann man exemplarisch die frei verzierte Fassung Telemanns studieren und üben. Gleiches gilt für die „Trietti e

Scherzi metodichi“ für zwei Flöten/Violinen und Basso continuo.
In seinem „Versuch...“ unternimmt Quantz etwas Ähnliches. Er notiert in einem Probestück, einem Adagio, sowohl die unverzierte und die verzierte Fassung und erklärt im Text die Spielweise jeder einzelnen Figur. Ganz besonders wertvoll ist, dass er auch die Dynamik der Verzierungen sehr detailliert erklärt und bezeichnet. Mit diesem Beispiel kann man auch ein gutes Gefühl für die differenzierte Spielweise der Verzierungen üben und erlernen. Ähnliche Beispiele gibt es von vielen Komponisten, sehr schön und sehr ausgearbeitet bei Tartini.
Naturgemäß ist es didaktisch schwieriger, für freie Verzierungen Lehrwerke zu schreiben, als für feststehende. Diese Art zu verzieren hat sich auch zusätzlich im Laufe der Jahrzehnte des Hoch- und Spätbarock ganz erheblich geändert, während die französischen Verzierungen sich bis in die Klassik hinein nur ganz geringfügig geändert haben.

14 *Wie sieht es mit den Verzierungen bei Bach aus?*

Bach hat zumeist die Verzierungen zu seinen Stücken ausgeschrieben, sodass für den Spieler relativ wenig Raum bleibt, ausschweifend zu verzieren. In dem Konflikt mit seinem ehemaligen Protégé Scheibe gehörte die Tatsache, dass Bach dem Instrumentalisten und Sänger die Verzierungen „wegnimmt“, auch zum Gegenstand der Kritik.

15 *Gibt es sonst noch eine Verzierungspraxis in der Musik des Hoch- und Spätbarock?*

Bedeutsam ist besonders die Verzierung der Schlusskadenzen durch freie Gestaltung des Vorhaltquartsextakkordes und dessen Auflösung in die Dominante. Diese Art der Verzierung, die man schon früh „Kadenz“ nannte, ist bis weit ins 19. Jahrhundert frei improvisierend praktiziert worden.
Die so genannte „Fermate“, ein harmonischer Zwischenstopp im Ganzschluss oder auch eine (eventuell anschließende) Generalpause, wurden ebenfalls frei improvisierend verziert.
Zum Verzieren im weitesten Sinne gehört natürlich auch das Präludieren, das spätestens seit dem 17. Jahrhundert zum Kern des freien Instrumentalspiels gehörte. Ursprünglich hatte das Präludieren über der Grundtonart die Funktion, die Stimmung des Instrumentes, z.B. der Laute, zu überprüfen und vielleicht noch zu korrigieren. Später wurde es dann eine eigene improvisierte Kunstform, die als Prüfstein des Instrumentalisten angesehen wurde. Hotteterre veröffentlichte 1719 die Schule „L'art de préluder“, die versucht, dieses schwierige Thema in ein Lehrkonzept zu bringen.

16 *Wie sieht denn eine typische spätbarocke Kadenz aus?*

Das kann man nicht eindeutig beantworten. Die berühmte Cembalo-Kadenz aus Bachs fünftem Brandenburgischem Konzert existiert in zwei Fassungen.

Beide Fassungen sind extrem ausgearbeitet, virtuos und eine Art freie Fantasie im Stylus fantasticus. Damit sind beide Kadenzen aber eigentlich ganz untypisch. Auch die berühmten Solo-Capricen von Locatelli, die Kadenzen zu seinen Violinkonzerten darstellen, sind bizarr virtuos und „abgefahren“ und damit ganz untypisch. Quantz sagt, dass eine Kadenz „aus dem Hauptaffecte des Stückes fließen“ müsse. Man könne „die gefälligsten Clauseln, die in dem Stück enthalten sind“ wiederholen und nachahmen, falls man einen „Mangel an Erfindung ersetzen“ und gleichzeitig „der herrschenden Leidenschaft des Stückes Gnüge tun“ wolle, also den Hauptaffekt wiedergeben will. Besser sei es aber, möglichst keine Gedanken des Satzes zu verwenden, sondern den Hörer zu überraschen. Die Kadenzen sollten lieber kurz als zu lang sein. Für Sänger und Bläser empfiehlt er, dass sie auf einem Atem ausführbar sein sollten, für Violine könnten sie etwas länger sein. Mit Modulationen solle man sehr sparsam sein und lieber nur wenige chromatische Ausweichungen bringen.

17 *Gibt es notierte erhaltene Kadenzen?*

Ja es gibt erhaltene notierte Kadenzen zu Sonaten- und Concertosätzen. Diese sind tatsächlich so wie sie Quantz beschreibt: kurz, mit ganz neuen Gedanken, virtuos und wenig chromatisch. Meist wird der Vorhaltsquartsextakkord der Grundtonart, bei dem in einer Kadenz der Bass standardmäßig anhält und die Kadenz beginnt, figurativ auf und absteigend vorgestellt, dann wird in irgendeiner Form der Auflösungsakkord (also der Dominantseptakkord) figuriert gebrochen, danach kommt eine Schlussklausel, die den Vorhaltsakkord wieder aufgreift und im abschließenden Triller fällt die Continuogruppe mit dem dominantischen Akkord ein und danach kommt die Auflösung in die Tonika. Die genialen Kadenzen Mozarts zu seinen Klavierkonzerten, die eine zweite Durchführung des Satzes darstellen, sind also im Spätbarock nicht angebracht.

18 *Gibt es sonst noch Spielweisen, die als Verzierung verstanden wurden?*

Schon in der frühen italienischen barocken Vokalmusik seit Caccini wurde der freie Umgang mit dem Metrum als Verzierung zur Steigerung des Affektes praktiziert und kultiviert und auch auf die Instrumentalmusik übertragen. Spätestens seit der Einführung des galanten und des empfindsamen Stils spielt das „tempo rubato“ dann eine immer stärker werdende Rolle. Die Spielweise im „tempo rubato“ (gestohlene Zeit) bedeutet ursprünglich, dass man von der Zeit der einen Note etwas wegnimmt und es der anderen Note gibt. Dies gilt vor allem für die Oberstimme. Der Bass bewegt sich ganz metrisch und die Oberstimme spielt dazu rhythmisch freier, um den Affekt und den Ausdruck zu intensivieren. Diese Spielweise nennt man auch das „gebundene“ rubato. Das freie rubato nimmt noch mehr Freiheit

in der metrisch-rhythmischen Gestaltung, das Tempo ist nicht durchgehend gleich.
Ungebundenes Rubato-Spiel wurde vor allem mit den expressiven Klavierwerken Carl Philipp Emanuel Bachs immer mehr zu einem unbedingten „Verzierungs"-mittel.

19 *Wie stand es mit der Praxis der Verzierungspraxis in den Generationen nach Bach überhaupt?*

Verzieren gehörte auch nach 1750 zu den Standardanforderungen an Instrumentalisten. Bei zweiteiligen Sätzen wurde vorausgesetzt, dass die Wiederholung verziert, „verändert" wird. Um das exemplarisch zu demonstrieren, veröffentlichte Carl Philipp Emanuel Bach „Sonaten mit veränderten Reprisen". Auch Haydn und Mozart setzten voraus, dass der Interpret Verzierungen anbrachte. Mozart klagt in einem Brief an seinen Vater, dass die Sänger so unfähig seien, dass sie nicht einmal einen kleinen „Eingang", also einen improvisierten Übergang in die Reprise oder ins da capo machen könnten. Auch Quantz klagte 1752 in seinem „Versuch..." in dieser Weise über die Sänger. Umgekehrt beklagte sich Hector Berlioz in seiner Autobiographie über einen Oboisten, der in einer Aufführung seiner Symphonie fantastique noch eigene Verzierungen anbrachte. Zum Thema Verzierungspraxis in der Klassik ist sehr interessant, sich Alternativfassungen anzuschauen, beispielsweise die beiden Fassungen des Oboenkonzertes C-Dur bzw. Flötenkonzertes D-Dur von Mozart und die unterschiedlichen Verzierungs- und Ornamentfiguren der beiden Fassungen.

20 *In welchem Maße waren in den Generationen nach Bach generell Freiheit des Spiels und Improvisation in der Musikpraxis verankert?*

Bekanntermaßen notierten die Komponisten nach Bach immer mehr nicht nur den Notentext und mehr oder minder die Artikulation, sondern sie notierten auch Spielanweisungen, Varianten und Verzierungen immer genauer. Die Praxis des improvisierten Verzierens der Instrumentalisten nahm also in den Generationen nach Bach rapide ab. Bis weit ins 19. Jahrhundert war aber das Präludieren auf dem Instrument eine übliche Praxis, die in den Lehr- und Etüdenwerken immer thematisiert wurde. Hinzu kommt natürlich auch das Thema der freien Kadenz. Und auch Variieren von Themen war eine Praxis, die von den Instrumentalisten des 19. Jahrhunderts weiter beherrscht und virtuos vorgeführt wurde.

Sonderwissen: Die wesentlichen Manieren

Unter den wesentlichen Manieren versteht man zunächst alle Arten von Trillern mit der oberen oder unteren Nebennote und Vorschläge aller Art. Hinzu kommen Bebungen des Tones und Verzögerungen und Beschleunigungen des Tempos.

Triller:
Triller haben prinzipiell einerseits die Funktion eines vertikalen Akzentes im Sinne der metrischen Struktur und andererseits die Funktion der Belebung des Haupttones.
Der Triller heißt in Frankreich gewöhnlich „Tremblement" oder „Cadence". Er beginnt mit der oberen Nebennote und endet mit der Hauptnote. Ausnahmsweise kann der Triller auch mit der unteren Nebennote anfangen. Dieser sehr ungewöhnliche Beginn wird in Noten oder in Symbolen speziell angezeigt. Der Triller wird in Frankreich mit einem Kreuz notiert, in Italien und Deutschland mit der Abkürzung tr, oder einfach mit einem t.
Der Vorhalt des Trillers kann sehr lang sein, das nennt man ein „tremblement appuyé". Er kann einen Nachschlag haben, das nennt man „double cadence". Der Nachschlag kann von der Zielnote durch einen Stopp oder eine kleine Pause getrennt sein, das nennt man „Double Cadence coupée", Carl Philipp Emanuel nennt dies einen „prallenden Doppelschlag".
Der Triller kann an die vorhergehende Note angebunden werden, wenn diese die obere Note ist, das nennt man „tremblement lié". Wenn das tremblement lié nach der Überbindung noch weiter etwas vorgehalten wird (der Triller kommt dann nach der Bassnote) nennt man das „tremblement appuyé et lié".
In einer abwärts steigenden Skala, die in Zweier-Gruppen gebunden ist, wird der Triller auf der jeweils zweiten Note an die erste gebunden. Diesen kurzen Triller nennt Carl Philipp Emanuel Bach einen Praller.
Der Triller beginnt immer auf dem Schlag.
Alle Quellen betonen, dass der Triller weder zu langsam,

noch zu schnell (chevroté = meckernd) sein soll. Die Tempogestaltung des Trillers richtet sich nach dem Affekt.

Mordent:
Der Mordent (Triller mit der unteren Nebennote, beginnend und endend mit der Hauptnote) wird in Frankreich „Battement“ genannt (Couperin: „Pincé“ (Kneifer)). Er hat beinahe immer Akzentfunktion und wird auf dem Schlag ausgeführt. Er kann einfach oder mehrfach („Pincé double) ausgeführt werden. Das Tempo seiner Ausführung richtet sich nach dem Affekt.

Doublé:
Das Doublé (auch: Tour de gosier) ist eine Kombination aus Triller und Mordent, daher der Name und daher im Deutschen „Doppelschlag“. Es umspielt den Hauptton von oben und unten. Es beginnt mit der oberen (!) Nebennote und endet mit der Hauptnote.

Flattement:
Das Flattement ist eine Art Battement mit einem Mikrointervall. Es wirkt wie ein Fingervibrato mit einer etwas tieferen Frequenz als dem Hauptton. Das Flattement hat vor allem klagenden Charakter. Daher wird es sehr selten schnell gespielt. Es unterstreicht den herrschenden Affekt. Es wird selten notiert oder mit einem Symbol angezeigt. Man macht es auf langen Tönen, die keine andere Verzierung haben. (Prominentes Beispiel eines notierten Flattements sind die langen Reibungstöne in Flöte und Violine im ersten Satz des fünften Brandenburgischen Konzertes. Bach notiert es als eine Schlangenlinie.)

Accent:
Der Accent ist eine sehr typische französische Verzierung. Es ist eine kurze Sekundausweichung nach oben, selten nach unten. Die obere (bzw. selten untere) Nebennote wird an die vorausgehende Hauptnote angebunden kurz bevor die nächste Hauptnote kommt. Der Accent ist also eine sehr spezielle Art von Nachschlag. (Der Begriff „accent“ steht in Bachs Verzierungstabelle im „Clavierbüchlein für Wilhelm Friedemann Bach“ für den Vorschlag!)

Vorschläge:
Der Vorschlag, französisch „port de voix“, italienisch „appoggiatura“ kann lang oder kurz, vor der Zeit und auf der Zeit sein.
Das Problem, ob lang oder kurz, wird besonders klar in der „Clavierschule“ von J.G. Türk erklärt.
Lange Vorschläge sind harmonische Vorhalte. Ihre Dauer richtet sich nach der harmonischen Situation von Vorhalt und Auflösung. Es kann also keine allgemeine Regel über ihre Dauer gegeben werden, weil die Auflösung in Beziehung zum Bass steht. Daher nennt Türk sie die „veränderlichen Vorschläge“. Die Auflösungsregeln, die Quantz angibt (Vorschlag erhält den halben Wert der Hauptnote, bei Dreierwert der Hauptnote bekommt der Vorhalt zwei Drittel, bei einer Note vor einer Pause erhält der Vorhalt den Wert der Hauptnote, diese aber fällt in die Pause usw.), gelten also nur sehr bedingt und müssen mit der harmonischen Situation übereinstimmen. In jedem Fall beginnen die langen Vorschläge auf der Zeit also auf der Vorhaltsharmonie.
Der Vorschlag von unten, den die Franzosen als den „Port de voix“ im engeren Sinne bezeichnen, hat ebenfalls Vorhaltswirkung und kommt in aller Regel auf die Zeit. Seine

Dauer und Intensität richtet sich nach dem Affekt der Stelle. Meist wird der Port de voix kombiniert mit einem Battement, manchmal auch mit anderen Verzierungen wie etwa Doublé.
Kurze Vorschläge nennt Türk „unveränderliche Vorschläge", weil sie immer kurz und schnell sind, ihre Kürze also nie verändert wird. Ob sie auf die Zeit oder vor der Zeit gespielt werden sollen, wurde im 18. Jahrhundert heftig diskutiert.
Quantz nennt Vorschläge auf die Zeit „anschlagend" und Vorschläge vor die Zeit „durchgehend". Offensichtlich sind die allermeisten kurzen Vorschläge „anschlagend", also auf die Zeit (die langen Vorschläge sind ja sowieso „anschlagend").
„Durchgehende" Vorschläge sind die Ausnahme und es gibt nur sehr wenige davon:
Erstens sind das Vorschläge, die einen Vorschlag verzieren. Dieser Vorschlag wird also kurz und vor der Zeit gespielt, der „Haupt"-Vorschlag auf die Zeit.
Zweitens ist durchgehend, also vor die Zeit, das so genannte Coulement: wenn ein Terzfall, im Takt von schwere auf leichte Zeit fallend, bei gleich bleibender Harmonie, mit einer Vorschlagsnote verziert wird, dann wird diese kurz und vor die Zeit gespielt. Quantz nennt diesen speziellen Vorschlag einen „Terzdurchgang" („Terz-" = fallende Terz, „-durchgang" = vor die Zeit). Diese Vorschlagsart ist in französischer Musik sehr häufig anzutreffen. Naturgemäß ist die „Eins" eines Taktes nur äußerst selten mit einem Coulement verziert. (Umgekehrt kann man sagen, das ein auf der „Eins" eines Taktes notierter Vorschlag so gut wie immer auf dem Schlag als Appogiatur ausgeführt wird.)
Generell kann man wohl sagen, dass das Problem der Spielweise des Vorschlags viel weniger kompliziert ist, als es zu-

nächst vielleicht erscheint. Die allermeisten Vorschläge sind auf der Zeit. Ob sie kurz oder lang sind, erkennt man durch den Bass und die Harmonie. Kurz und vor dem Schlag ist vor allem das coulement, der „Terzdurchgang“, den man auch sehr leicht erkennt (s.o.). Man wird als Musiker dennoch oft Situationen haben, in denen man selbst entscheiden muss, ob der Vorschlag kurz oder lang, auf der Zeit oder vor der Zeit sein soll.
Es gibt auch doppelte Vorschläge mit zwei Vorschlagsnoten. Diese Vorschlagsnoten können eine Terz ausfüllen (Port de voix double), oder die Noten des doppelten Vorschlags sind die untere und die obere Note der Hauptnote („Anschlag“). Der Vorschlag kann auch ein größeres Intervall als eine Sekunde sein, z.B. eine Sext, Oktave, Dezime („Schleifer“).

Suspension – Aspiration:
Diese beiden Verzierungsarten spielen mit dem „timing“, sind also eine Art rubato.
Eine „suspension“ ist ein zu spätes Anschlagen des Tones. Der Ton wird kurz nach dem Schlag gespielt.
Eine Aspiration ist einerseits eine Verkürzung des Tones (bei Couperin steht dann ein Keil über der Note). Aspiration kann auch bedeuten, dass der Ton früher kommt, als es metrisch „richtig“ wäre.

Glossar

Affekt	Gemütszustand
Aufklärung	Bewegung zur geistigen und politischen Befreiung des Individuums im 18. Jahrhundert
Bassettchen	Bassstimme in Vier-Fuß Lage, oft auf Bratsche
Battaglia	musikalische Darstellung einer Kampfhandlung, Schlachtenmusik
Bildersturm	gewaltsame Zerstörung von katholischer Kirchenkunst in der Reformationszeit
Cantus firmus	„feststehender Gesang“, eine überlieferte Melodie, die in einem Musikstück zitiert wird
Colla parte	Mitspielen aus einer anderen Stimme, z.B. der Geigen
Concertino	die Sologruppe eines Concerto grosso, meist zwei Violinen und Violoncello

Concerto grosso	Concerto für Orchester und eine Sologruppe
Concerts spirituels	kommerzielle Konzertreihe in Paris, die ursprünglich in der Fastenzeit stattfand, wenn keine Opern gespielt werden durften
Coulé	französisch für legato, oft Zweierbindungen, synonym für den „Terzdurchgang“ (das „Coulement“) gebraucht
Couplet	Zwischenteil eines Rondeau
Double	stark verzierte Fassung, Variation
Einfacher Gesang	Ausdruck für: unverzierte Fassung einer Melodiestimme
Eingang	improvisierter Übergang vom Solo ins Ritornell
En rondeau	„in Rondoform“ statt in zweiteiliger Form
Fermate	Auszierung eines Ganzschlusses oder einer Generalpause
Follia	traditionelles, sarabandenartiges Modell mit Variationen

Fondamento	Basslinie, Fundament der Harmonie, Continuo-Stimme
Forma bipartita	zweiteilige Form, A-Teil endet auf der Dominante
Frontispiz	graphisch gestaltetes Titelblatt
Galanter Stil	Stil im Spätbarock, vermeidet extreme Gegensätze, stark ornamentiert, raffiniert oberstimmenbetont
Gran tour	große Bildungsreise junger Adeliger und reicher Bürger
Großer Ganzton	Teilungsverhältnis 9:8
Kleiner Ganzton	Teilungsverhältnis 10:9
Manieren	Begriff für stilistisch geschmackvolle Verzierungen
Methode	Begriff für individuelle oder exemplarische Verzierungsart oder Gesangsart
Monochord	einsaitiges Instrument mit verschiebbarem Steg, zur Untersuchung der Teilungsverhältnisse der Saite

Monodie	textorientierter Sologesang mit Begleitung
Muster	im 18. Jahrhundert positiver Begriff für: Vorbild
Opera seria	italienische Nummernoper mit „ernstem“ libretto
Ordre	franz.: „Ordnung“, Sammlung von Stücken auf demselben Grundton
Originalgenie	Genie, das ohne Vorbilder und Nachahmung auskommt
Ospedale	„Hospital“, Waisenhaus, Krankenhaus
Partita	Suite, auch Variationenreihe über Cantus Firmus
Passagien	virtuose Passagen, Koloraturen
Petite reprise	„kleine Wiederholung“, zusätzliche Wiederholung der letzten Phrase eines Tanzsatzes
Plainte	„Klage“, ein französisches Lamento, häufig verwandt mit der Sarabande

Prima pratica	polyphon-linearer Stil, im 17. Jh. schon altmodisch
Ripieno	Begriff für das Tutti eines Orchesters
Ritornell	Refrain, der immer wiederkehrende Formteil eines Rondos
Rondeau	das Ritornell, gleichzeitig Terminus für ein Rondo
Seconda pratica	„zweite Praxis", Begriff für den um 1600 neuen monodischen Stil
Tempo ordinario	normales Tempo, meist auf der Basis des Pulsschlages, Grundlage für die Temporelation
Tempo rubato	die „gestohlene Zeit", rhythmisch freie Gestaltung
Tragédie lyrique	französische Oper mit Balletten und Chören
Vaudeville	volkstümliche Rondeauform, im Ritornell singen/spielen alle mit
Wolfsquinte	völlig falsch gestimmte Quint (zu groß oder zu klein)

Kurztest

Die 31 wichtigsten Fragen und ihre Antworten

Zur Epoche

1. Wie lange gab es „Barockmusik"?

Von etwa 1600–1750

2. Was bedeutet „Barock"?

Unregelmäßige Perle. Im übertragenen Sinne auch: übertrieben, schwülstig, unausgewogen.

Verbreitung von Musikalien

3. Wie wurde Musik verbreitet?

Vor allem in handschriftlichen Kopien. Viel weniger in Drucken. Die Praxis des Druckens nahm am Ende des 18. Jahrhunderts rapide zu. Druck wurde zum Massenmedium.

Musikalische Temperatur und Stimmton

4. Warum braucht ein Cembalo eine „Temperatur“?

Weil das Komma (pythagoreisch, bzw. syntonisch) ausgeglichen werden muss.

5. Was ist die mitteltönige Stimmung?

Hier werden alle Quinten um ein 1/4-Komma verkleinert, die zwölfte Quinte (Wolfsquinte) ist dann um 7/4-Komma zu groß. In dieser Stimmung gibt es acht reine große Terzen. Die sechzehn brauchbaren Tonarten klingen alle gleich.

6. Was sind ungleichschwebende Stimmungen?

Die einzelnen Akkorde „schweben“ alle, aber nicht in gleichem Maße. Bei Kirnberger III und Werckmeister III z.B. wird das Komma auf vier Quinten ausgeglichen. Dadurch gibt es acht reine Quinten. Bei Kirnberger gibt es auch eine reine große Terz. Damit ist ein gößerer Tonartenraum als bei der mitteltönigen Stimmung brauchbar.

7. Welche Stimmtöne herrschten zwischen 1680 und 1750 vor?

Man unterschied zwischen dem „Cornett-Thon“ der Orgeln (ca. 465 Hz) und dem „Cammerton“, der entweder in französisch-tiefer Stimmung war (ca. 400 Hz), oder etwa einen Halbton höher (ca. 415–425 Hz).

Concerto

8. Welche Concertoformen gab es im 18. Jahrhundert?

Es gab einerseits das Concerto grosso für ein Concertino und das Ripieno und es gab andererseits das Solo-Concerto in Ritornellform für einen oder mehrere Solisten und das Tutti.

9. Wer waren die „Erfinder" dieser Concerto-Typen?

Die wichtigsten „Erfinder" waren Arcangelo Corelli (Rom) für das Concerto grosso und Antonio Vivaldi (Venedig) für das Solo-Concerto.

10. Wie sind diese beiden Concerto-Typen aufgebaut?

Das Concerto grosso hat mindestens vier Sätze. Ein Concertino (Gruppe von Soloinstrumenten), bestehend aus meist 2 Violinen und Violoncello, tritt dem Tutti (Ripieno, Concerto grosso) gegenüber.
Das Solo-Concerto hat drei Sätze (schnell-langsam-schnell). Die Ritornelle des Tutti wechseln sich mit den Soloepisoden des begleitenden Soloinstrumentes (Violine, Violoncello, Bläser) ab.

Sonate

11. Welche Formen der Sonate gab es im Hoch- und Spätbarock?

Es gab die Sonata da chiesa (Kirchensonate) und die Sonata da camera (Kammersonate).

12. Wer gilt als stilbildend für diese Sonatentypen?

Die zwölf Sonaten op. V von Arcangelo Corelli, die 1700 in Rom im Druck erschienen, gelten als stilbildend für diese beiden Formen.

13. Wie sind diese Sonatentypen aufgebaut?

Die Sonata da chiesa ist viersätzig (langsam-schnell-langsam-schnell), die Sonata da camera hat bei Corelli ein Preludio und nachfolgende Tanzsätze (Allemande, Corrente, Sarabande, Gavotte und Gigue). Die abschließende zwölfte Sonate besteht aus einer „Follia", virtuosen Variationen über das bekannte Follia-Bass-Modell.

14. Gab es nach diesen Typen im Barock noch weitere Formen der Sonate?

In Deutschland wurde die „Sonate auf Concertenart" seit etwa 1730 von Dresden aus modern. Auch Bach hat mit diesem Typ experimentiert. Diese Form ist ein Mix aus Sonate und Concerto mit meist drei Sätzen (schnell- langsam-schnell). Mit Carl Philipp Emanuel Bach und der Berliner Schule wurde ein dreisätziger Sonatentypus sehr beliebt, den man manchmal wegen der beschleunigenden Satzfolge (langsam-schnell-schneller) „Stretta-Sonate" nennt.

15. Welche Besetzungen haben Sonaten?

Das „Solo“ ist eine Sonate für eine Oberstimme plus Basso continuo. Das „Solo senza basso“ ist eine Sonate für ein Melodieinstrument allein ohne Basso continuo. Sehr beliebt waren Triosonaten, für zwei gleiche oder zwei verschiedene Melodieinstrumente (vor allem in Deutschland) mit Basso continuo. Viel seltener sind Sonaten à 4 (Quadros, Quatuors). Diese sind teils für verwandte Instrumente (z.B. Streicher) oder für gemischte Besetzung (Bläser, Streicher) bestimmt.

Suite

16. Was ist eine Suite und woher kommt sie?

Eine Suite ist eine Folge von Tanzsätzen (suivre – folgen). Diese Instrumentalform kommt aus Frankreich und entstammt den seit Ende des 16. Jahrhunderts beliebten Balletten.

17. Wie sieht um 1700 eine typische Suite aus?

Sie wird eingeleitet von einer Ouverture oder einem Prélude. Die Tanzsätze Allemande, Courante, Sarabande, Gigue sind sehr häufige Bestandteile einer Suite. Sehr beliebte weitere Sätze waren Bourree, Gavotte, Rigaudon, Menuett, Passepied, Sicilienne, Loure, Forlane, Passacaille, Chaconne, Tambourin.

18. Wie könnte man die vielen Tanztypen etwas sortieren?

Es gibt periodisch aufgebaute Tänze, die in ihrer Anlage von symmetrischen Perioden bestimmt sind. Das sind z.B. Menuett, Passepied, Bourree, Gavotte, Rigaudon, Sarabande. Es gibt auch nicht periodisch aufgebaute Tanztypen, die also nicht unbedingt symmetrische Strukturen aufweisen. Das sind z.B. Allemande, Courante, Gigue.

19. Welche äußere Form haben Tanzsätze?

Meistens sind Tanzsätze zweiteilig. Beide Teile werden jeweils wiederholt. Manchmal gibt es zusätzlich eine „petite reprise“, dann wird die letzte Phrase noch einmal im piano wiederholt.
Manche Tanzsätze können in Rondoform angelegt sein, mit einem Ritornell oder Rondeau und verschiedenen „Couplets“ (Zwischenteilen). Der Begriff „Rondeau“ bezeichnet einerseits das gesamte Stück, das Rondo, und andererseits auch das immer wiederkehrende Ritornell.

20. Wie sieht eine französische Ouverture aus?

Sie ist dreiteilig. Der erste langsame Teil ist zumeist in einem prächtigen, scharf punktierten Rhythmus geschrieben und wird wiederholt. Der zweite schnelle Teil ist meist ein Fugato. Danach folgt wieder ein langsamer punktierter Teil. Der schnelle und der letzte langsame Teil werden ebenfalls wiederholt.

21. Für welche Besetzung sind Suiten erhalten?

Es gibt sehr viele Suiten für nur ein Instrument, meist Cembalo oder Laute, für ein Melodieinstrument (Violine, Flöte, Oboe, Gambe) mit Basso continuo, für zwei, meist gleiche

Melodieinstrumente und Basso continuo und viele Suiten für Orchester mit Streichern, Bläsern und auch Schlagzeug.

Stil

22. Welche Stile unterscheidet man im Hoch- und Spätbarock?

Man unterscheidet den italienischen und den französischen Stil. Aus diesen beiden Stilen entstand in Deutschland der „vermischte Geschmack“.

23. Was sind der italienische und der französische Stil?

Es sind vor allem die Formen, die unterschiedlich in den verschiedenen Ländern waren.
Concerto und Sonate in Italien, Suite in Frankreich. Auch die Motivik, Ornamentik, Verarbeitung und die Bedeutung der Virtuosität sind sehr unterschiedlich. Die Opern in Italien beginnen mit einer Sinfonia oder Ouverture und bestehen danach fast nur aus Arien und Rezitativen. Opern in Frankreich integrieren sehr umfangreiche Ballette, Chöre und Ensembles.

24. Welche Stile gab es noch?

Den gearbeiteten Kirchenstil, den konzertanten und kunstvollen Kammerstil und den sehr freien theatralischen Stil. Im Übergang zur Klassik entwickelten sich der galante Stil, der empfindsame Stil und der „Sturm und Drang“-Stil. Telemann pflegte den „hanakischen“ Stil, eine Übertragung polnischer Volksmusik.

Tempo und Takt

25. Wie wurde im Hoch- und Spätbarock das Tempo bestimmt?

Das Tempo wurde durch den Puls (60 Min.) bestimmt. Es gab das normale Tempo (60 Min.), das schnelle Tempo (120 Min.) und ein mittleres Tempo (90 Min.). Diesen Tempi wurden die Taktarten zugeordnet. Aus den Taktzeichen konnte man das Tempo ziemlich genau erkennen.

26. Gibt es auch „sichere“ Berichte über das Tempo?

Loulié erfand 1696 einen „Chronomètre“, ein einstellbares Pendel, das ähnlich wie ein Metronom funktioniert. Dazu gab er Beispiele mit exakten „Chronomètre“-Angaben. Dieses System wurde von Anderen übernommen und so gibt es viele erhaltene Stücke mit Pendelangaben. Es gibt auch erstaunlich viele Angaben über die exakte Aufführungsdauer bestimmter Werke. Und es gibt von Engramelle (1775) exakte Berechnungen für Walzen von mechanischen Musikinstrumenten, aus denen man das Tempo genau ableiten kann.

27. Wie wurde das Tempo- und Taktsystem auf die Musik angewendet?

Den drei Grundtempi wurden Tanztypen in drei Klassen zugeordnet. Zusätzliche verbale Anweisungen für das Tempo differenzieren das System weiter. 1752 beschreibt Quantz dann ziemlich genau die Anwendung auf die italienischen Tempobegriffe und Tempoklassen, so dass auch für Stücke, die nicht einem Typus zugeordnet sind, klare Kategorien vorliegen.

28. Wie ist das Temposystem von Quantz?

Quantz geht von einem schnellen Puls aus, 80/Min. Dieses tempo ordinario nennt er Allegretto. Das Allegro assai ist doppelt so schnell, 160/Min. Das Adagio cantabile ist doppelt so langsam wie das Allegretto, 40/Min. Das Adagio assai ist noch einmal so langsam, 20/Min. Das gewöhnliche Concerto-Tempo ist 1,5 mal so schnell wie das Allegretto, 120/Min.

Ornamente

29. Was sind die wesentlichen Manieren?

Als wesentliche Manieren werden die französischen Verzierungen bezeichnet, also Triller, Mordente, Doppelschläge, Nachschläge, Vorschläge, Flattements.

30. Was sind die willkürlichen Manieren?

Die willkürlichen Manieren sind die „Diminutionen“ des 18. Jahrhunderts. Diminutionen waren in Italien kleine und schnelle Verbindungstöne, die Instrumentalisten seit dem 16. Jahrhundert improvisatorisch benutzen, um einen cantus firmus zu verzieren und zu variieren. Die Kunst der freien und teils sehr ausschweifenden Verzierung einer einfachen Oberstimme wurde im 18. Jahrhundert zu einem typischen Merkmal des italienischen Stils.

31. Gibt es auch weitere freie, aber obligatorische Verzierungen?

Die freie Kadenz am Schluss eines Concertosatzes, der Eingang beim Übergang vom Solo ins Ritornell, die Fermate, also die freie Verzierung eines Ganzschlusses oder einer Generalpause und das Tempo rubato als freie Gestaltung des Vortrages.